LE TRAVAIL
À DURÉE
LIMITÉE

INSEE
liaisons sociales
DARES

Les dossiers
thématiques

N°1 - 1995

LE TRAVAIL À DURÉE LIMITÉE

Avertissement

Le dossier thématique présenté ici est constitué à partir des études, articles ou résultats d'enquêtes déjà publiés dans les différents supports de l'INSEE (Institut national de la statistique et des études économiques – ministère de l'Économie), de la DARES (Direction de l'animation, de la recherche, des études et des statistiques – ministère du Travail, de l'Emploi et de la Formation professionnelle) ou de LIAISONS SOCIALES. Élaborés à partir d'une littérature assez abondante, les morceaux choisis ont pour ambition de faire le point sur un sujet jugé d'actualité.

Les textes ont été reproduits aussi fidèlement que possible: la rédaction ne s'est autorisée, outre l'ajout de quelques paragraphes en début de chapitre, que de petites modifications de forme, destinées à ménager des enchaînements.

Lorsqu'il l'estimera utile, le lecteur pourra se reporter à ces publications, dont la référence figure en fin de chaque chapitre.

Une bibliographie et des séries statistiques longues complètent ce tour d'horizon qui contient, chaque fois que cela est possible, des comparaisons internationales.

Table des matières

Liste des tableaux *(T)*, graphiques *(G)* et encadrés *(E)*

Avant-Propos

La recherche par les entreprises d'une meilleure compétitivité par les coûts passe, depuis le premier choc pétrolier, par le développement de nouvelles formes d'emploi. Cette tendance s'est fortement accélérée au cours des dix dernières années.

Les principales formes de travail dit «précaire» parce que «à durée limitée» sont l'intérim et les contrats à durée déterminée. Le premier, apparu au début des années 60, a connu une ascension assez rapide. Selon l'INSEE, le nombre d'intérimaires est passé d'environ 10000 en 1962 à environ 50000 en 1968; puis, de 105000 en 1975 à 195000 en 1981. Devant cette véritable explosion, les pouvoirs publics sont intervenus (en 1982) par ordonnance pour limiter le recours au travail tem-

La situation française

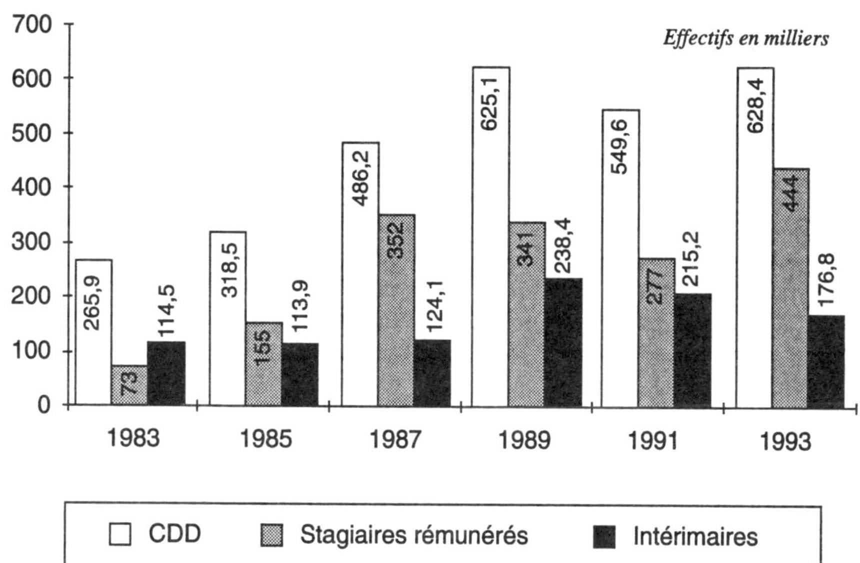

Source: INSEE, enquêtes emploi.

poraire et moraliser la profession. L'augmentation du nombre de contrats s'est toutefois poursuivie, mais même au plus fort de son essor, en 1989, avec 238000 contrats, dont plus de 37 % concernent les jeunes de moins de 25 ans, l'importance des actifs occupés par un travail temporaire reste apparemment modeste. Elle ne représente guère plus de 1,3 % de l'ensemble des salariés, selon l'enquête annuelle emploi effectuée en mars par l'INSEE.

L'utilisation du CDD est une pratique plus récente. Elle a débuté dans certains secteurs pour des besoins saisonniers et la première réglementation date de 1979. Mais son développement est cependant plus rapide que celui de l'intérim, peut-être parce que l'éventail des professions concernées y est plus large. Selon l'enquête annuelle emploi de l'INSEE, le nombre de CDD a été multiplié par 2,4 entre 1984, date du véritable redémarrage, et 1989, quand 625000 actifs, soit 3,4 % des salariés du secteur marchand, ont ce statut. Depuis, incontestablement, ce développement a été marqué par la crise. Malgré cela, en 1993, 628000 salariés étaient dans cette situation, soit 3,2 % des effectifs salariés, dont un tiers de jeunes de moins de 25 ans.

Avec le développement des stages rémunérés et, à partir de 1985, la création des TUC, les jeunes apparaissent comme les plus concernés par l'emploi précaire. En 1993, ils étaient 164000 à accomplir un stage rémunéré et à être comptabilisés comme actifs occupés (dont 62,4 % de femmes). Ainsi, si l'on considère les jeunes de moins de 25 ans dans leur ensemble, en 1993, près de 430000 avaient un emploi précaire, c'est-à-dire qu'en dix ans leur nombre a été multiplié par 2. Dans la tranche d'âge des 25 à 39 ans on recense plus de 650000 personnes en emploi précaire (+ 300 % en dix ans). Chez les plus de 40 ans, 160000 (+ 140 %). Le travail précaire concerne donc en 1993 au moins 1250000 actifs jeunes et moins jeunes, soit 2,8 fois le nombre d'il y a dix ans, et représente l'équivalent d'environ 6,4 % des salariés.

(Source : *Liaisons sociales*, mensuel/mai 1994, Tableau de bord par Adrien Popovici.)

Chapitre I

La définition du travail à durée limitée suit l'évolution du droit

Jusque dans les années 50, la «norme» d'emploi n'existe pas et l'on se réfère à deux pôles: le travail indépendant et le travail salarié qui recouvrent des situations d'emploi diverses. A partir des années 50, la montée du salariat en France s'accompagne d'une forte croissance économique et du plein emploi, la norme de référence devient l'emploi salarié stable avec un statut. On assiste à la construction juridique de l'emploi typique caractérisé par la durée indéterminée du contrat, l'unicité de l'employeur, le temps plein; les situations particulières d'emploi régressent. Avec les années 70, la croissance économique se ralentit et corrélativement réapparaissent – sous des formes nouvelles – les situations d'emploi particulières qui prennent de l'ampleur rapidement. En 45 ans, la diversité des situations d'emploi particulières s'est donc modifiée.

Chez les salariés, les formes nouvelles d'emploi relèvent essentiellement du mouvement de codification juridique ou de l'amélioration de la protection sociale. On assiste peu à peu à la construction juridique des situations d'emploi particulières. Elle s'accompagne de changements des populations touchées et des catégories d'utilisateurs. Bref, l'emploi salarié est loin de correspondre à une situation homogène, mais les situations «particulières» ne font pas toujours l'objet d'une codification juridique fortement établie. Cela dit, les situations d'emploi particulières ne correspondent pas systématiquement à des situations précaires. Ceci résulte assez clairement de l'analyse juridique dans ses développements actuels, dès lors que les situations particulières ou atypiques se forment par dérogation aux diverses composantes de l'emploi typique et que la durabilité du contrat n'est que l'une des dimensions de la situation typique.

Précarité «de fait» et précarité «de droit»

Certaines situations particulières ne sont pas, dans leur principe, des formes précaires. Le temps partiel, par exemple, peut donner lieu à un contrat à durée indéterminée et permettre une réelle stabilité de la relation d'emploi. Particularité d'emploi n'implique donc pas *ipso facto* précarité d'emploi ou, si l'on veut, particularité et précarité ne sont pas synonymes.

La précarité est bien sûr directement impliquée lorsque la forme juridique du contrat de travail le stipule de manière explicite, organisée et programmée, même si le terme peut être repoussé par renouvellement du contrat (comme dans l'apprentissage, les CDD, l'intérim). Elle peut aussi correspondre à une menace ou une incertitude plus diffuse, liée au surgissement d'événements dont la date est imprévisible (c'est souvent le cas pour le travail à domicile ou les aides familiaux). Mais elle peut aussi découler d'une incertitude sur la durée de l'emploi née de la fragilité de l'établissement employeur, ou de la fragilité de l'activité exercée (marchés saturés ou forte concurrence).

Un fort turnover, avec la mobilité forcée des travailleurs qui en résulte, ou la forte mortalité des entreprises de petite taille nouvellement créées, correspondent à des situations précaires pour les travailleurs, même s'ils disposent de contrats de travail stables et de formes d'emploi typiques. Combien de jeunes, par exemple, obtiennent leur premier contrat stable dans des entreprises qui disparaissent quelques mois après les avoir embauchés?

Les entreprises ou établissements précaires ou fragiles offrent des emplois précaires ou fragiles, sans considération des formes des contrats conclus. Ces établissements ne sont probablement pas distribués de façon aléatoire, mais concentrés dans certains secteurs ou branches (commerces, hôtellerie, services par exemple).

Il existe donc une précarité «de fait», à côté d'une précarité «de droit», et les deux ne posent pas les mêmes problèmes de mesure.

Discontinuité, revenu, protection sociale: éléments fondamentaux de la précarité

L'analyse économique de la précarité ne peut se limiter au seul problème de la durée de la relation d'emploi, mais doit tenir compte de trois aspects indissociables: discontinuité, revenu, protection sociale.

La *discontinuité* porte sur le temps de travail et elle entraîne celle du revenu individuel. La précarité implique un risque de discontinuité élevé, et ce risque augmente avec le niveau du chômage global. La discontinuité effective est observable et mesurable par une approche longitudinale des trajectoires professionnelles des personnes placées en situation précaire. Bien qu'il soit impossible d'en donner une valeur chiffrée, le risque de discontinuité a probablement augmenté très sensiblement entre les années 50 et les années 80. Aucune mesure directe ne paraît possible sur l'ensemble, mais le niveau de chômage et la structure des durées de chômage sont un signe probant, pas tout à fait adéquat cependant, de la moindre fluidité des transitions entre emplois.

Rappelons quelques données significatives. De 1955 à 1993, le chômage au sens du BIT *(Bureau International du Travail)* est passé de

341 200 à 2 781 000 personnes, et le taux de chômage de 1,7 % à 11,2 %. Quant à l'ancienneté moyenne de chômage en mois, elle est passée de 8,8 à 12,4. Alors que les années 50 et 60 ont connu une forte mobilité sociale et professionnelle, les changements de situation ne se sont pas accompagnés de longs délais d'attente, bien qu'on puisse penser qu'ils sont aujourd'hui sous-estimés.

La question du *revenu* se pose en termes de niveau, ce dernier découlant du taux de salaire (ou de rémunération) et/ou des effets de la discontinuité. Les situations particulières d'emploi correspondent en général à de faibles revenus, parce qu'elles concernent en priorité des emplois peu qualifiés, les principales exceptions venant des cas où la précarité est directement prise en compte et donne lieu à une compensation monétaire (missions d'intérim et missions d'experts en fournissent de bons exemples).

Certaines situations particulières d'emploi impliquent une sous-rémunération dont les justifications sont diverses, mais qui traduisent toutes une productivité réduite. Les aides familiaux doivent attendre la loi du 13 juillet 1973 pour se voir accorder un droit à rémunération, sous la forme d'une allocation mensuelle, dont la valeur minimale est fixée à 250 F en décembre 1974! Les apprentis n'obtiennent qu'en 1971 l'établissement d'une grille de rémunération, fonction de l'âge, en pourcentage du SMIC qui, dans le meilleur des cas, atteint 75 % du salaire minimum. Ce droit au salaire des apprentis est, pour la première fois, prévu par une loi : jusqu'alors, les salaires – quand ils étaient accordés – étaient fixés soit par des conventions collectives, soit par le contrat lui-même – quand il existait –, soit par une décision unilatérale et toujours révocable de l'employeur. L'ensemble des situations en alternance, apparues plus récemment en faveur de l'insertion des jeunes, empruntent le même principe de rémunération inférieure au salaire minimum.

C'est en termes de revenu annuel qu'il faudrait apprécier les effets réels de la précarité, par suite de la discontinuité de l'activité. Les études longitudinales fourniraient une aide précieuse à la mesure des effets réels de la discontinuité sur les revenus annuels. Cette dernière agit d'abord arithmétiquement dès qu'apparaissent des périodes de «non-travail rémunéré», mais prive aussi les personnes concernées des bénéfices de l'ancienneté. Intervient ici cependant le rôle compensateur direct et indirect des divers aspects de la protection sociale.

Ces divers aspects de la *protection sociale* ont beaucoup évolué en 45 ans, et l'efficacité s'est améliorée dans les années les plus récentes : protection contre la maladie et les accidents du travail (Sécurité sociale), protection contre le risque de chômage (Assedic), transferts sociaux (allocations familiales), indemnité de précarité (dans le cadre du CDD).

Avec le temps, la notion de précarité a évolué

En définitive, au cours de la période 1945-1990, les trois éléments «primaires» de la précarité (discontinuité, revenu, protection sociale) ont subi chacun des transformations suffisamment profondes pour que le sens même de la précarité en soit modifié: la précarité des situations particulières dans les années 50, caractérisée par une faible discontinuité, mais de faibles revenus et une faible protection sociale, est-elle comparable à celle des situations particulières des années 80, où l'on retrouve les faibles revenus, mais une plus forte discontinuité et une plus forte protection sociale? Elle l'est sans doute d'autant plus difficilement qu'elle ne touche plus les mêmes catégories de personnes, puisque femmes et jeunes de moins de 25 ans sont aujourd'hui beaucoup plus concernés qu'autrefois. Le sentiment de précarité est surtout très fort dans les années 80 chez une partie des jeunes et des catégories de population fragilisées par le manque ou l'obsolescence de qualification, mais cette précarité n'a ni le même contenu, ni le même sens, ni les mêmes effets que celle qui touchait une bonne partie de la population rurale, ou les ouvriers des petites entreprises de l'industrie et du bâtiment d'il y a quarante ans.

L'apprentissage, par exemple, a été souvent remanié mais a connu deux inflexions majeures en 1971 et 1987. L'année 1971 marque une étape essentielle dans la construction d'un statut de l'apprenti, tandis que 1987 vise plutôt un changement d'image et d'usage de l'apprentissage, pour l'ouvrir comme voie générale de formation par alternance, offerte à tous publics, tous âges, tous niveaux, en cessant de le cantonner à la formation professionnelle initiale des jeunes les plus démunis sur le plan scolaire.

Le paradoxe de l'évolution de l'apprentissage, dont les derniers aspects il est vrai sont à peine engagés, est d'avoir produit d'un côté moins de précarité, dans le sens où les éléments de statut protègent mieux les apprentis contre l'arbitraire patronal encore très présent dans les années 50 (sur les rémunérations, les heures de travail, le temps de formation théorique en CFA, les congés, la protection sociale, etc.), mais d'un autre côté davantage de précarité, dans le sens où les chances d'accès à un emploi stable à l'issue du contrat d'apprentissage (chez le maître d'apprentissage ou *via* le marché du travail) n'ont cessé de se

La dynamique des situations d'emploi particulières sur longue période

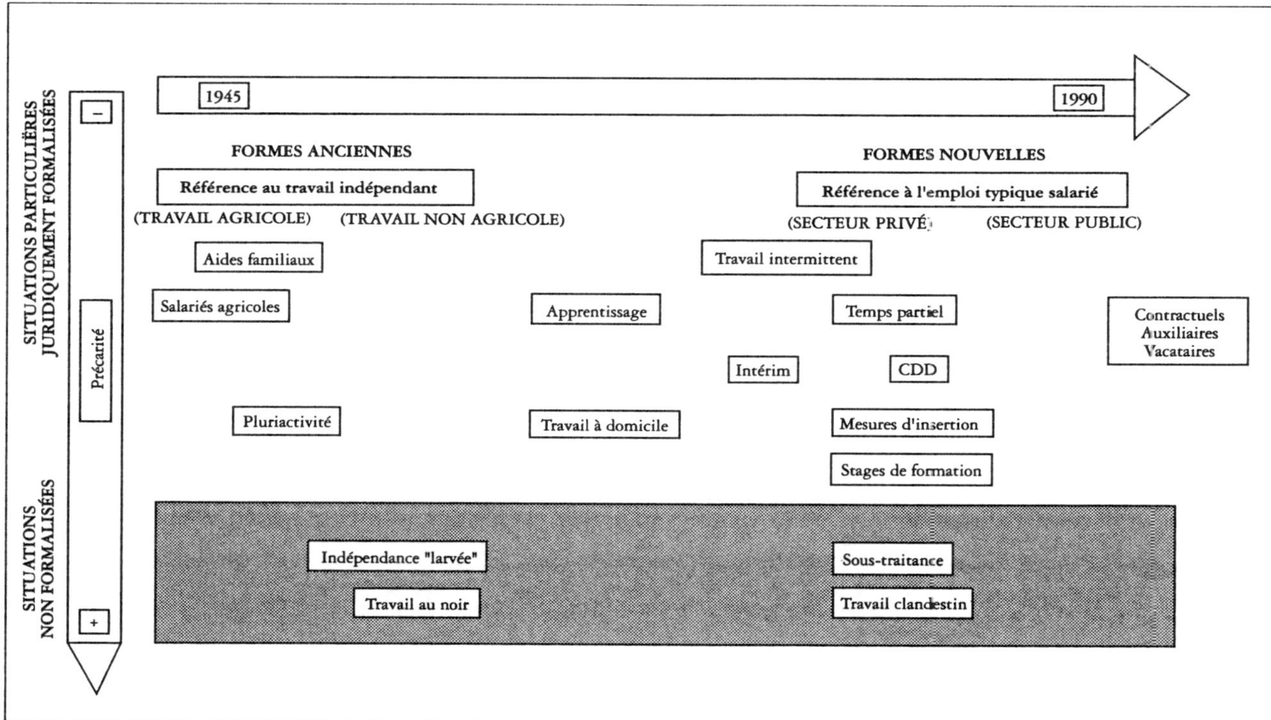

En quarante-cinq ans, la diversité des situations d'emploi particulières s'est beaucoup renouvelée : on peut distinguer aujourd'hui des situations « anciennes » (presque traditionnelles) et des situations « nouvelles ». Il est possible de suivre les premières sur la totalité de la période, et les secondes dès leur apparition.

dégrader au cours des années 80. Plus sûr en tant que contrat, l'apprentissage l'est moins en tant que marche-pied pour l'emploi stable et qualifié (1)*.

Le contrat à durée déterminée: ce que dit la loi

Le contenu juridique du CDD a subi de nombreuses variations depuis la loi de 1979 qui a marqué le point de rupture avec l'ancienne codification. Depuis 1982, l'œuvre du législateur en matière de travail précaire s'inspire d'un mouvement pendulaire entre volonté de limiter les abus patronaux et désir de prendre en compte un fait de société: la vogue croissante des méthodes de gestion consistant à réduire au maximum le personnel permanent, de manière à pouvoir adapter rapidement le niveau des effectifs aux fluctuations de la conjoncture.

Ce recours persistant à la main-d'œuvre précaire n'est pas sans présenter de graves inconvénients: différenciation accrue des statuts sur un même lieu de travail, au risque de tuer toute culture d'entreprise, stérilisation de toute démarche constructive et rationnelle de réorganisation du travail.

La loi du 12 juillet 1990 sur les contrats précaires procède de la première des tendances évoquées: la volonté de limiter les dévoiements; devant la multiplicité des abus constatés – accélération sensible des recours aux contrats à durée limitée, notamment pour pourvoir des emplois permanents, omission des motifs dans les contrats, absence d'égalité de rémunération avec les salariés permanents, méconnaissance des règles relatives au renouvellement et à la succession des contrats, affectation de salariés précaires à des postes dangereux, etc. – le législateur a décidé de mettre un frein à l'instabilité grandissante. En conséquence, la loi nouvelle rétablit une liste des cas de recours aux contrats à durée déterminée et au travail temporaire, réduit leur durée maximale, améliore la sécurité des salariés, leurs droits à la formation et leur indemnisation en cas de chômage; elle renforce le contrôle des représentants du personnel en la matière et étend les sanctions pénales aux dispositions concernant les CDD.

Le contrat de travail à durée déterminée ne peut être conclu que dans les cas suivants: remplacement d'un salarié absent, accroissement temporaire de l'activité de l'entreprise, emplois saisonniers ou pour lesquels il est d'usage constant de ne pas recourir au contrat à durée indéterminée.

---

* Les notes renvoient aux références en fin de chapitre.

Le remplacement d'un salarié absent s'entend du remplacement de n'importe quel salarié de l'entreprise, qu'il s'agisse d'un salarié sous contrat à durée indéterminée, d'un titulaire de contrat à durée déterminée, d'un salarié momentanément à temps partiel ou d'un intérimaire. Le contrat à durée déterminée permet de faire face à tous les cas d'absence, même imminente, de même qu'à des absences successives.

Deux hypothèses sont soumises à des règles particulières: le contrat conclu dans l'attente de l'arrivée d'un salarié recruté sous contrat à durée indéterminée et celui conclu après le départ définitif d'un salarié, dans l'attente de la suppression de poste d'ores et déjà décidée.

L'accroissement temporaire de l'activité de l'entreprise recouvre des hypothèses variées dont le dénominateur commun est de correspondre à une tâche précise et temporaire sans lien durable avec l'activité permanente de l'entreprise et, de ce fait, ne pouvant être exécutée par le personnel permanent.

Le troisième cas de recours autorisé par la loi correspond à deux hypothèses différentes: les emplois saisonniers recouvrent des travaux normalement appelés à se répéter chaque année, à date fixe, en raison du rythme des saisons ou des modes de vie collectifs. Par ailleurs, dans certaines professions, dont la liste est fixée par décret, il est d'usage constant, pour certains emplois, de recourir au contrat à durée déterminée.

Le contrat de travail peut par ailleurs être conclu pour une durée déterminée lorsque des dispositions législatives et réglementaires destinées à favoriser l'embauche de certaines catégories de personnes sans emploi l'autorisent, et lorsque l'employeur s'engage dans certaines conditions à assurer un complément de formation professionnelle au salarié; par ailleurs, les contrats de travail, conclus à l'issue d'un contrat d'apprentissage, peuvent être à durée déterminée dans le cas où l'apprenti doit satisfaire aux obligations du service national dans le délai de moins d'un an.

En dehors des hypothèses d'interdiction de recours au contrat à durée déterminée découlant de la finalité même de ces contrats, il existe trois cas d'interdiction formelle prévus par la loi; il s'agit du remplacement de salariés dont le contrat est suspendu par suite d'un conflit collectif, de l'exécution de travaux dangereux figurant sur une liste établie par arrêté, et de l'occupation, pour accroissement temporaire d'activité, de postes touchés dans les six mois précédents par un licenciement économique effectué par l'établissement.

Les contrats à durée déterminée dans la CEE

Les contrats à durée déterminée sont réglementés par la législation générale du travail en République fédérale d'Allemagne, en Grèce, au Luxembourg et aux Pays-Bas. Il existe une réglementation spécifique en Belgique, en Italie, au Portugal et en Espagne.

Au Danemark, en Irlande et au Royaume-Uni, il n'existe aucune législation spécifique en la matière.

Dans certains États membres, les contrats à durée déterminée ne sont pas soumis à des conditions particulières. C'est le cas en Belgique, au Danemark, en Irlande, aux Pays-Bas et au Royaume-Uni.

D'autre part, en République fédérale d'Allemagne, en Grèce, en Italie, au Luxembourg, au Portugal et en Espagne, il faut des circonstances particulières pour justifier un contrat à durée déterminée.

En Allemagne, la Cour fédérale du travail a précisé qu'il devait y avoir des raisons objectives pour justifier à la fois la nécessité d'un contrat à durée déterminée et sa durée. Il est possible de procéder à autant de renouvellements qu'il s'avère nécessaire, à condition que les raisons objectives subsistent.

En Grèce, les contrats à durée déterminée sont autorisés pour l'exécution d'un travail exceptionnel ou bien précis ou en cas d'accroissement temporaire de la charge de travail. Les contrats, dont la durée n'est pas fixée par la loi, peuvent être renouvelés deux fois.

En Italie, la loi fixe un certain nombre de conditions régissant le recours aux contrats à durée déterminée: la couverture d'une absence, les tâches exceptionnelles, l'accroissement temporaire de la charge de travail, etc. Des conventions collectives récentes ont défini de nouveaux types de contrats de ce genre. Les conventions doivent également fixer le pourcentage de travailleurs employés sur la base de contrats à durée déterminée, par rapport à la main-d'œuvre globale.

Au Luxembourg, la loi limite le recours aux contrats à durée déteminée à des tâches définies de façon stricte; il est obligatoire de fixer une période minimale et de limiter la durée globale (y compris les renouvellements) à 24 mois.

Au Portugal, certaines restrictions sont apportées à la conclusion des contrats de moins de six mois. La durée maximale autorisée est de trois ans, ou de six ans avec les renouvellements.

En Espagne, les contrats à durée déterminée sont utilisés lorsque le contrat d'un travailleur a été suspendu. La durée peut atteindre 3 ans. Ces contrats sont aussi permis pour la promotion de l'emploi, le lancement des activités nouvelles et lorsqu'il est nécessaire en cas d'un accroissement temporaire de l'activité de l'entreprise.

En Belgique, les contrats à durée déterminée sont limités à deux ans. Les renouvellements ne sont autorisés que dans des circonstances particulières, avec l'assentiment du salarié et du syndicat. **Aux Pays-Bas**, bien qu'aucune durée maximale ne soit fixée dans le Code civil, le travailleur peut terminer le contrat après cinq ans. Une fois renouvelé, le contrat n'expire pas automatiquement, mais il ne peut y être mis fin qu'avec l'autorisation du ministère du Travail. **En Grèce, au Danemark, en Irlande et au Royaume-Uni**, il n'y a pas de limite maximale.

Un contrat à durée déterminée est converti d'office en contrat à durée indéterminée s'il se poursuit au-delà de l'échéance. C'est la situation normale en Belgique, en Grèce, en Italie, au Portugal et en Espagne. Au Luxembourg, si le contrat se poursuit au-delà de l'échéance, la loi considère qu'il a été renouvelé pour la même période que le premier contrat. Aux Pays-Bas, un contrat à durée déterminée, qui n'est pas explicitement renouvelé, est applicable à nouveau pour la même période que le contrat originel, pour une durée maximale d'un an.

La durée des contrats conclus dans le cadre

Contrats conclus avec certaines personnes sans emploi (C. trav., art. L. 122-2-1°):

• *Contrat de qualification:* sa durée doit être comprise entre 6 mois et 24 mois; il est renouvelable en cas d'échec à l'examen ou pour acquérir une qualification supérieure.

• *Contrat d'adaptation à l'emploi ou à un type d'emploi:* s'il est à durée déterminée, il doit être conclu au minimum pour 6 mois (pas de durée maximale).

• *Contrat emploi-solidarité:* sa durée doit être comprise entre 3 mois et 12 mois (24 mois pour certains bénéficiaires); il peut être renouvelé deux fois dans la limite de 12 mois (ou 24 mois).

• *Contrat de retour à l'emploi:* s'il est à durée déterminée, sa durée doit être comprise entre 6 mois et 18 mois.

Contrats par lesquels l'employeur assure un complément de formation professionnelle (C. trav., art. L. 122-2-2°).

• La durée du contrat ne peut être supérieure à **24 mois** lorsqu'il intéresse (C. trav., art. D. 121-1, II):

– *des candidats effectuant un stage en vue d'accéder à un établissement d'enseignement;*

– *des élèves ou anciens élèves d'un établissement d'enseignement effectuant un stage d'application dans une entreprise* (toutefois, lorsque la durée du stage est fixée par voie réglementaire, le contrat peut être conclu pour cette durée, même si elle est supérieure à 24 mois);

– *des étrangers venant en France en vue d'acquérir un complément de formation professionnelle,* lorsque les intéressés ne sont pas soumis au régime de l'autorisation provisoire de travail (pour les étrangers soumis à ce régime, la durée maximale du contrat est celle pour laquelle l'autorisation provisoire a été accordée; si l'autorisation est renouvelée, la durée maximale du contrat est prolongée d'autant).

• *Le contrat à durée déterminée des bénéficiaires d'une aide financière individuelle à la formation par la recherche ne peut avoir une durée supérieure à celle de la période donnant lieu à l'octroi de l'aide financière* (C. trav., art. D. 121-1, II).

• La durée des *contrats de rééducation professionnelle intéressant certaines personnes handicapées, victimes d'un accident du travail ou assurées sociales* ne fait l'objet *d'aucune limitation.* En ce domaine, le terme du contrat doit simplement coïncider avec le terme prévu pour la rééducation.

Deux catégories de contrats à durée déterminée doivent être distinguées quant à leur durée:

– les contrats à terme précis, qui sont la règle, ne doivent pas dépasser 18 mois (maximum porté à 24 mois ou ramené à 9 mois dans certains cas précis); dans une hypothèse – commande exceptionnelle à l'exportation – une durée minimale de 6 mois est exigée;

– les contrats sans terme précis peuvent être conclus pour remplacer un salarié absent, dans l'attente de l'entrée en service effective d'un salarié recruté par contrat à durée indéterminée, pour les emplois à caractère saisonnier et pour ceux pour lesquels il est d'usage constant de ne pas recourir au contrat à durée indéterminée; dans ce cas, la loi impose la fixation d'une durée minimale et le contrat a pour terme la fin de l'absence du salarié ou la réalisation de l'objet pour lequel il a été conclu.

Ces contrats ne peuvent être automatiquement renouvelés mais le terme en est automatiquement reporté en cas de prolongation de l'absence du salarié remplacé ou si la réalisation de l'objet est différée.

Le contrat à durée déterminée doit obligatoirement être rédigé par écrit, comporter le définition précise de son motif, ainsi qu'un certain nombre de mentions obligatoires. Les deux premières exigences ont pour sanction la requalification du contrat en contrat à durée indéterminée. Le contrat doit être transmis dans les deux jours suivant l'embauche.

Les parties au contrat de travail peuvent convenir d'une période d'essai; celle-ci, ainsi que sa durée maximale, doivent être expressément mentionnées au contrat. Elle est légalement limitée à deux semaines lorsque la durée initialement prévue au contrat n'excède pas 6 mois, et à un mois dans les autres cas. Pendant cette période, les parties peuvent rompre le contrat sans préavis ni motif.

Certains types de contrats à durée déterminée peuvent être renouvelés, dans la mesure où cette possibilité fait l'objet d'une clause du contrat ou d'un avenant ultérieur; il s'agit des contrats dont le terme est fixé avec précision; seul un renouvellement est autorisé: sa durée peut être supérieure à celle de la période initiale à condition que la durée totale du contrat ne dépasse pas le maximum autorisé par la loi.

Le statut et les droits des salariés en CDD

Le statut des salariés sous contrat à durée déterminée est en principe aligné sur celui des salariés permanents, tant en ce qui concerne les conditions de travail que les droits collectifs.

Le contrat à durée déterminée ne peut en principe être modifié. La jurisprudence établit cependant une distinction entre les modifications accessoires et les modifications substantielles du contrat: seules ces dernières peuvent être refusées par le salarié. En revanche le contrat à durée déterminée peut être suspendu, en cas, par exemple, d'accident du travail, de maladie, de maternité, de grève, etc. Toutefois, la suspension ne fait pas obstacle à l'échéance du terme.

Lorsqu'un CDD est conclu pour un emploi saisonnier, le statut du travailleur saisonnier lié par un contrat à durée déterminée présente certaines particularités, notamment: les saisonniers ne bénéficient pas de la loi du 19 janvier 1978 sur la mensualisation; ils ne perçoivent pas non plus, en principe, d'allocations spécifiques de chômage partiel, sauf si leur état de chômage a un caractère exceptionnel à l'époque de l'année à laquelle il se produit. Ils doivent alors faire la preuve qu'au cours des deux années précédentes ils occupaient, à la même époque et pendant la même période, un emploi salarié dont ils tiraient une rémunération régulière (C. trav., art. R. 351-51); enfin dans les établissements qui appartiennent aux branches d'activité à caractère saisonnier déterminées par décret et qui n'ouvrent en tout ou partie que pendant une période de l'année, le repos hebdomadaire peut être différé dans les conditions prévues par l'article L. 221-11 pour les usines à feu continu, sous réserve que chaque travailleur bénéficie au moins de deux jours de repos par mois, autant que possible le dimanche (C. trav., art. L. 221-21).

En outre, dans ces branches d'activité à caractère saisonnier, une convention ou un accord collectif peut, s'il est étendu, déroger aux dispositions légales relatives à la détermination des périodes de référence pour le décompte des heures supplémentaires et des repos compensateurs (C. trav., art. L. 212-5-2); ajoutons aussi que les saisonniers ne bénéficient de la garantie de rémunération mensuelle minimale que pendant la période normale d'activité. Les réductions d'horaire de l'établissement se produisant pour la troisième année consécutive, à la même époque, sont considérées comme se situant en dehors de la période normale d'activité (C. trav., art. R. 141-13).

L'accord interprofessionnel du 24 mars 1990 relatif au CDD et au travail temporaire, qui comporte, par rapport à la loi du 12 juillet 1990, un certain nombre de précisions et de dispositions supplémentaires (*cf.* arrêtés d'extension et d'élargissement du 9 octobre 1990, JO du 14 octobre 1990), instaure à la charge des entreprises employant des salariés sous contrat à durée déterminée une contribution supplémentaire destinée à financer des avantages complémentaires de protection sociale (art. 44). Cette contribution est égale à 0,5 % de la rémunération totale brute versée aux intéressés au titre de leur contrat.

Les modalités pratiques de mise en œuvre de cette disposition ont été déterminées par les signataires de l'accord du 24 mars 1990 au sein d'un groupe de travail paritaire. Le même accord du 24 mars 1990 (art. 19) prévoit des améliorations des droits à l'assurance chômage des salariés sous contrat à durée déterminée. D'une part, le délai de réadmission au régime d'assurance chômage après des activités de courte durée (entre trois et six mois) est ramené de deux ans à six mois. D'autre part, après une première période d'indemnisation en allocation de base exceptionnelle (AB à taux réduit versée après une durée d'affiliation comprise entre trois et six mois), toute nouvelle période d'indemnisation succédant à des activités de courte durée ouvre droit au taux normal de l'AB (l'allocation de base est remplacée actuellement par l'allocation unique dégressive - AUD).

Lors de l'arrivée à terme du contrat, les salariés sont considérés comme salariés involontairement privés d'emploi (Règlement annexe de la Convention du 19 novembre 1985 relative à l'assurance chômage, art. 1er.) A ce titre, ils bénéficient des allocations de chômage versées par les ASSEDIC, allocations dont on sait cependant que la durée d'attribution est fonction de la durée d'affiliation préalable de l'intéressé et de son âge.

A noter cependant que cette assimilation aux travailleurs involontairement privés d'emploi ne joue pas en cas de chômage saisonnier (même règlement annexe, art. 2,e/). Rappelons que, pour l'UNEDIC, est chômeur saisonnier «le travailleur privé d'emploi qui ne peut apporter la preuve qu'au cours d'une des deux années précédentes, il occupait, à la même époque et pendant la même période un emploi salarié dont il tirait une rémunération régulière» (Délibération de la Commission paritaire nationale).

Si l'employeur rompt le contrat pour faute grave du salarié, ce dernier ne peut alors prétendre à aucune indemnité de rupture (sauf, le cas échéant, à une indemnité compensatrice de congés payés). A noter cependant : l'insuffisance professionnelle ne constitue ni une faute grave, ni un cas de force majeure, autorisant l'employeur à rompre avant l'échéance du terme un CDD.

Cela étant, si l'employeur rompt le contrat par anticipation alors qu'il n'en avait pas le droit, le salarié bénéficiera, aux termes de l'article L. 122-3-8 du Code du travail, d'une indemnnisation «d'un montant au moins égal aux rémunérations qu'il aurait perçues jusqu'au terme du contrat». Dès lors, il va de soi que des allocations de chômage ne peuvent se cumuler avec cette indemnité. Cependant – admet l'UNEDIC – tout en réservant ses droits, l'ASSEDIC compétente peut faire une avance au salarié avant qu'il ne perçoive cette indemnité, notamment s'il doit engager à cette fin une action en justice contre son employeur.

Le droit aux allocations de chômage est normalement réservé aux salariés involontairement privés d'emploi. Néanmoins, le salarié ayant rompu son contrat à durée déterminée par anticipation peut toujours saisir la Commission paritaire de l'ASSEDIC s'il pense être en mesure de faire reconnaître que le motif de la rupture est un motif légitime.

En cas de reprise d'une activité par contrat à durée déterminée, un chômeur indemnisé ne doit jamais, par principe, subir un préjudice de ce fait. En conséquence, si un salarié involontairement privé d'emploi fait l'objet d'une embauche sous contrat à durée déterminée, à l'expiration de ce contrat il doit retrouver l'intégralité de ses droits – auxquels s'ajouteront d'ailleurs les droits nouveaux acquis par le contrat à durée déterminée. En effet, le versement de l'allocation de chômage est prévu pour une certaine durée et non pendant un délai préfixé.

A l'issue d'un contrat à durée déterminée, l'entreprise peut conclure immédiatement avec le salarié un contrat à durée indéterminée. En revanche, elle ne peut, en principe, conclure un autre contrat à durée déterminée pour pourvoir le poste de travail – avec le même salarié, ou une autre personne – avant la fin d'une période égale au tiers de la durée du précédent contrat. Ce principe souffre cependant un certain nombre d'exceptions.

Par ailleurs, tout salarié qui, au cours de sa vie professionnelle, a été titulaire d'un CDD peut bénéficier d'un congé de formation dans les conditions et selon les modalités particulières définies aux articles L. 931-13 à L. 931-20 sans préjudice des dispositions de droit commun (C. trav., art. L. 931-1 à L. 931-12).

Pour financer le congé de formation, les entreprises, qu'elles soient ou non assujetties à l'obligation de participation à la formation professionnelle, sont soumises à une cotisation égale à 1 % du montant des salaires versés au salarié sous contrat à durée déterminée pendant toute la durée de son contrat (C. trav., art. L. 931-20).

Le salarié bénéficiaire du congé a droit à une rémunération versée par l'organisme paritaire, dont le montant est égal à un pourcentage du salaire moyen perçu au cours du ou des contrats de travail à durée déterminée lui ayant permis de justifier des conditions d'ancienneté requises. Pendant la durée de son congé de formation, le salarié est considéré comme stagiaire de la formation professionnelle. Il bénéficie du maintien de la protection sociale qui lui était assurée lorsqu'il était salarié sous contrat à durée déterminée, en matière de sécurité sociale, d'assurance chômage et de retraite complémentaire. L'organisme paritaire verse aux régimes concernés les cotisations sociales afférentes à ces garanties (C. trav., art. L. 931-19).

Il convient aussi de rappeler le rôle joué par les représentants du personnel en matière de CDD. Le comité d'entreprise doit être, par exemple, consulté préalablement à la conclusion d'un contrat à durée déterminée en raison du départ définitif d'un salarié précédant la suppression de son poste de travail, de la survenance dans l'entreprise d'une commande exceptionnelle à l'exportation, ou en cas de conclusion d'un contrat de moins de trois mois pour accroissement temporaire d'activité moins de six mois après un licenciement économique sur ce poste. Il est également consulté sur le programme et les modalités pratiques de la formation renforcée à la sécurité dont doivent bénéficier certains salariés sous CDD. Le CHSCT (Comité d'hygiène, de sécurité et des conditions de travail) est, lui aussi, consulté en matière de formation renforcée à la sécurité.

Le comité d'entreprise doit être également informé périodiquement sur l'évolution – mois par mois – du nombre de salariés sous contrat à durée déterminée, des motifs de recours à ces salariés et du nombre de journées de travail effectuées par ceux-ci. L'évolution du nombre des contrats à durée déterminée fait l'objet d'un examen annuel dans l'entreprise lors de la négociation sur les salaires et la durée du travail, ainsi que dans la branche lors de la négociation salariale. Les syndicats ont la possibilité d'agir en justice au lieu et place des salariés sous contrat à durée déterminée sur le plan civil ou pénal (2).

Le travail intérimaire: une dimension conventionnelle forte

Le travail intérimaire a été lui aussi l'objet de plusieurs remaniements juridiques. Vu sous cet angle, il se caractérise par la relation triangulaire qu'il crée entre l'employeur, qui est l'entreprise de travail temporaire (ETT), le salarié en mission et le client utilisateur. Cette relation triangulaire nécessite donc la conclusion de deux contrats concomitants: un contrat de mise à disposition, contrat commercial conclu entre l'ETT et l'entreprise cliente, et prévoyant les conditions de mise à disposition du salarié intérimaire; un contrat de mission, ou contrat de travail conclu entre l'ETT, seul employeur du salarié intérimaire, et ce dernier. Ce contrat reproduit les clauses du contrat de mise à disposition, ainsi qu'un certain nombre d'autres.

En effet, depuis la loi du 3 janvier 1972, loi de base sur le travail temporaire, sont intervenues des adjonctions conventionnelles et des modifications législatives et réglementaires. Au plan conventionnel, de nombreux accords de branche ont été signés par deux syndicats d'entreprises de travail temporaire (le PROMATT et l'UNETT) d'une part, et la plupart des syndicats représentatifs de salariés d'autre part. Ces accords concernent l'indemnisation de la maladie, de la maternité et de l'adoption, des accidents du travail, la formation professionnelle, la médecine du travail, le droit syndical, la prévoyance, la représentation du personnel des entreprises de travail temporaire.

Un accord du 13 mai 1985 avait dressé le bilan économique et social des trois années d'application de l'ordonnance du 5 février 1982 et avait suggéré un certain nombre de modifications de la législation applicable, qui ont été reprises par la loi du 25 juillet 1985. Enfin, un accord du 23 janvier 1986 organise le statut des salariés permanents des entreprises intérimaires, tandis qu'un autre accord du 4 décembre 1986 règle le sort des intérimaires détachés à l'étranger.

Au total, le travail intérimaire est défini par plusieurs textes de base. D'abord l'ordonnance du 5 février 1982 a eu le but de restreindre le recours au travail temporaire (limitation des cas de recours et de la durée des missions) et d'améliorer la situation des salariés engagés à ce titre (notamment droit à une rémunération équivalente à celle perçue par le salarié permanent après sa période d'essai). Ensuite, la loi du 25 juillet 1985, portant diverses dispositions d'ordre social entérinant les vœux exprimés dans l'accord du 13 mai 1985, a accru le nombre de cas permettant de recourir à l'intérim et a assoupli les règles relatives à la durée de certains contrats; par ailleurs furent modifiées les règles de la période d'essai ainsi que de succession des missions sur un même poste. Puis la loi du 17 janvier 1986 portant diverses dispositions d'ordre social a étendu aux deux nouveaux cas de recours institués par la loi du 25 juillet 1985 – survenance d'une commande exceptionnelle et remplacement d'un salarié dont le poste sera par la suite supprimé – la nécessité d'un accord préalable de l'administration lorsque l'utilisateur a procédé à un licenciement économique dans les douze mois précédents.

En outre, l'ordonnance du 11 août 1986 a apporté un certain nombre de simplifications et d'assouplissements à la législation concernant le travail temporaire en supprimant notamment la liste limitative des cas de recours ainsi que l'autorisation administrative préalable à certains cas d'embauche. Enfin, la circulaire DRT (Direction Régionale du Travail) n° 21-88 du 26 décembre 1988 (3) destinée à mettre un terme aux abus importants commis par certaines entreprises dans les conditions de recours aux contrats de travail temporaire, a, à titre d'exemples, repris en fait la liste exhaustive des cas de recours arrêtée par l'ancienne législation de 1982.

A la suite du dépôt d'un projet de loi fin 1989 visant à endiguer la multiplication des abus constatés et remettant en cause les assouplissements introduits par la loi du 11 août 1986, un accord national interprofessionnel du 24 mars 1990 a été conclu entre le CNPF, la CGPME, l'UPA (Union Professionnelle Artisanale), le PROMATT et l'UNETT du côté patronal et la CFDT, la CFTC et la CFE-CGC du côté syndical. Cet accord traite de tous les aspects du travail temporaire, c'est-à-dire à la fois du cadre juridique, des conditions de recours et du statut des salariés temporaires. Il prévoit en effet principalement: le retour à une liste limitative des cas de recours; une réduction de la durée des contrats et une limitation du nombre de renouvellements possibles; des dispositions visant à améliorer la situation des salariés concernés dans le domaine de la prévention des risques professionnels, l'indemnisation du chômage, la formation professionnelle; le renforcement des pouvoirs des représentants du personnel.

La loi du 12 juillet 1990 reprend largement – sous réserve de quelques amendements – les dispositions de l'accord du 24 mars 1990. Selon l'article 1er: «les dispositions de la présente loi ont pour objet de préciser dans quelles conditions il peut être dérogé au principe suivant lequel le contrat à durée indéterminée est la forme normale du contrat de travail. Elles doivent avoir pour effet de faire reculer la proportion d'emplois précaires en facilitant leur transformation en emplois stables, sous contrat à durée indéterminée, et en favorisant l'infléchissement des comportements de gestion vers des pratiques d'adaptation interne fondées sur l'aménagement négocié de l'organisation du travail. Elles instituent au profit des salariés concernés par ces formes d'emploi à caractère subsidiaire des mesures protectrices, sans préjudice des améliorations pouvant être apportées à leur statut dans le cadre de la négociation collective».

Les principaux objectifs de l'accord et de la loi du 12 juillet 1990 sont les suivants: éviter la substitution d'emplois temporaires à des permanents par le retour à une liste limitative des cas de recours et la réduction de la durée maximale des contrats à terme précis; faire respecter la parité de rémunération des salariés intérimaires avec les salariés permanents occupant les mêmes emplois; augmenter la sécurité des salariés temporaires sur leurs postes de travail (formation renforcée à la sécurité et prise en charge par l'entreprise utilisatrice d'une partie du coût des accidents du travail graves); renforcer les moyens de formation des salariés intérimaires; accroître les sanctions en cas de non-respect des dispositions relatives au prêt de main-d'œuvre à but lucratif.

Enfin une importante circulaire DRT no 18/90 du 30 octobre 1990 relative au contrat de travail à durée déterminée et au travail temporaire annule la circulaire de 1988 et commente l'ensemble des dispositions régissant le travail précaire.

L'intérim est par définition temporaire

Au total, selon la législation en vigueur, le contrat de travail temporaire ne peut avoir ni pour objet ni pour effet de pourvoir durablement un emploi lié à l'activité normale et permanente de l'entreprise. La loi du 12 juillet 1990 (C. trav., art. L. 124-2-1) a rétabli une liste limitative des cas de recours. Trois grands cas sont prévus: remplacement d'un salarié, accroissement temporaire de l'activité de l'entreprise, exécution de travaux temporaires par nature.

A contrario, le recours à l'intérim est expressément interdit dans les hypothèses suivantes: remplacement d'un salarié gréviste, travaux particulièrement dangereux, après un licenciement économique. Dans ces deux dernières situations, il peut être dérogé à ces interdictions dans des conditions précises. Enfin comme dans le cas du CDD, le comité d'entreprise (ou à défaut les délégués du personnel) doit dans certains cas être consulté préalablement à la conclusion d'un contrat de mise à disposition.

Travail temporaire et immigration

L'article L. 341-3 du Code du travail souligne que: «Le contrat de travail temporaire régi par le chapitre IV du livre 1er du présent code ne peut pas être assimilé au contrat de travail prévu à l'article précédent et qui permet l'entrée en France d'un étranger pour exercer une activité salariée. Un contrat de travail temporaire ne peut permettre à un étranger d'obtenir en vue du premier exercice d'une activité salariée en France le titre prévu à l'article L. 341-6 lorsque la possession de celui-ci est exigée en vertu de traités ou d'accords internationaux. Sous réserve des accords internationaux, il est interdit à une entreprise de travail temporaire de mettre à la disposition de quelque personne que ce soit des travailleurs étrangers si la prestation de service doit s'effectuer hors du territoire français.» «Seuls, sont susceptibles d'occuper des emplois intérimaires: les travailleurs de nationalité française, les ressortissants de la CEE, (...) les travailleurs étrangers régulièrement introduits dans le marché du travail français.»

Le comité d'entreprise doit en effet être informé chaque trimestre ou chaque semestre, selon la taille de l'entreprise, sur le nombre de salariés temporaires et les motifs de recours à ces intérimaires. A cette occasion le comité peut prendre connaissance des contrats de mise à disposition. Enfin, le comité d'entreprise doit être consulté sur le programme et les modalités pratiques de la formation renforcée à la sécurité dont doivent bénéficier certains intérimaires. Le CHSCT est également consulté en matière de formation renforcée à la sécurité. Les délégués du personnel n'interviennent, eux, que dans le cadre de leurs attributions supplétives en l'absence de comité d'entreprise ou de CHSCT.

L'évolution du nombre de missions de travail temporaire fait l'objet d'un examen annuel dans l'entreprise lors de la négociation obligatoire sur les salaires, la durée du travail et l'organisation du temps de travail ainsi que dans la branche, dans le cadre de la négociation salariale. Les syndicats ont la possibilité d'agir en justice au lieu et place des intérimaires sur le plan pénal mais aussi sur le plan civil.

Le contrat de mise à disposition et le contrat de mission doivent indiquer la rémunération que percevrait dans l'entreprise utilisatrice, après période d'essai, un salarié de qualification équivalente occupant le même poste de travail. Cette rémunération se compose du salaire de base ainsi que des majorations, primes et indemnités à périodicité mensuelle ou non lorsque leur versement est obligatoire. Le salarié temporaire bénéficie des réévaluations éventuelles des salariés dans l'entreprise utilisatrice ainsi que du paiement des jours fériés, du remboursement des titres de transport et, le cas échéant, des indemnités pour intempéries. Les modalités de la rémunération doivent figurer dans le contrat de mission. Le salarié temporaire a droit à une indemnité de fin de mission destinée à compenser la précarité de sa situation, qui constitue un complément de salaire. Son taux est fixé à 10 % du montant de la rémunération totale brute due à l'intérimaire pendant la durée de son contrat. Chaque mission ouvre droit pour le salarié à une indemnité de congés payés; les heures supplémentaires peuvent, selon les règles de droit commun, donner droit à une indemnité représentant le repos compensateur.

L'ancienneté du salarié temporaire s'apprécie en totalisant les périodes pendant lesquelles les salariés ont été liés à l'ETT par un contrat de mission. En cas d'embauche par l'utilisateur, elle s'apprécie vis-à-vis de celui-ci en prenant en compte la durée des missions effectuées à son service au cours des trois derniers mois. S'il s'agit d'une requalification du contrat en contrat à durée indéterminée, à titre de sanction, la totalité de la mission chez l'utilisateur est prise en compte.

Pendant la mission, l'utilisateur est responsable des conditions d'exécution du travail; l'ETT assume les obligations relatives à la médecine du travail, sauf surveillance médicale spéciale; un décret adapte la législation propre à la médecine du travail à la situation particulière de l'intérim; les salariés intérimaires doivent recevoir une formation à la sécurité et même une formation renforcée à la sécurité s'ils sont affectés à certains postes présentant des risques particuliers pour leur santé ou leur sécurité; ils ont accès aux équipements collectifs dans les mêmes conditions que les autres salariés.

La maladie comme les accidents du travail ou les maladies professionnelles font l'objet d'une indemnisation complémentaire conventionnelle applicable à toute la profession. En matière de maladie, deux modes d'indemnisation sont instaurés selon l'ancienneté du salarié et selon que l'arrêt de travail se situe ou non avant le terme de la mission. L'indemnité versée au cours du contrat de mission, à partir du 11e jour calendaire de maladie, est de 50 % du salaire de base, puis de 25 %. Après la fin de la mission, ou si le salarié ne remplit pas les conditions d'ancienneté requises, une indemnité, calculée sur l'indemnité journalière de Sécurité sociale, est versée par l'IREPS (Institut de Retraites et de Prévoyance des Salariés). En matière d'accidents du travail ou de maladies professionnelles, le système d'indemnisation est analogue, mais il n'y a pas de délai de carence.

Un accord sur le régime de protection des salariés temporaires à l'occasion des maternités et adoptions organise un régime d'indemnisation complémentaire au cours de la période de congé de maternité ou d'adoption. Les salarié(e)s doivent justifier de leur état de grossesse ou de l'arrivée au foyer d'un enfant en vue d'adoption, de leurs droits à l'indemnité journalière de Sécurité sociale et d'une certaine ancienneté. L'indemnité complète celle de la Sécurité sociale jusqu'à un maximum. Le contrat de mission est suspendu en cas d'inaptitude de la salariée au poste de travail.

Les salariés intérimaires bénéficient du droit d'expression des salariés sur leurs conditions de travail, au sein des entreprises dans lesquelles ils exercent leur mission. De leur côté, les entreprises de travail temporaire sont soumises aux obligations relatives à la participation; les salariés intérimaires en bénéficient s'ils justifient de 120 jours de mission au cours de l'exercice.

Un accord du 27 octobre 1988 sur la représentation du personnel des ETT adapte par ailleurs les modalités des élections et l'exercice du mandat des élus du personnel au statut juridique des travailleurs temporaires. Ainsi, pour être admis à voter aux élections des représentants du personnel dans l'ETT, les salariés intérimaires doivent justifier de 3 mois d'ancienneté ou de 507 heures travaillées au cours des 12 mois précédant l'élection, et de 6 mois pour être éligibles ou de 1014 heures au cours des 18 mois précédant l'élection.

Il faut noter aussi que les travailleurs temporaires sont pris en compte dans les effectifs de l'entreprise utilisatrice au prorata de leur temps de présence dans cette dernière au cours des 12 mois précédant les élections. En outre, chaque trimestre ou chaque semestre selon les effectifs, les entreprises utilisatrices doivent communiquer à leur comité d'entreprise des informations sur leur recours au travail intérimaire; les délégués du personnel des entreprises utilisatrices présentent certaines réclamations des salariés intérimaires.

Enfin, pour la désignation des délégués syndicaux dans les ETT comme dans les entreprises utilisatrices, on prend en compte les salariés intérimaires. Ceux-ci peuvent être désignés comme délégués dans l'ETT à condition de justifier de 6 mois de mission au cours des 18 mois précédents. Un accord du 8 novembre 1984 organise la mise en œuvre des moyens dont disposent tant la section syndicale que les délégués syndicaux; il prévoit également un mode de protection contre toute discrimination (4).

NOTES DU CHAPITRE I

(1) Source: *Travail et Emploi*, n° 52, 1992/2, «L'évolution des situations d'emploi particulières de 1945 à 1990», par Bernard Fourcade.

(2) Source: *Liaisons sociales*, numéro spécial, «Contrat à durée déterminée – Rôles des représentants du personnel», n° 6441, octobre 1990, par Marie-Claire Bonnetête et Marie-Françoise Clavel-Fauquenot.

(3) Source: *Liaisons sociales*, Légis. soc. (A1), n° 6174 du 4 janvier 1989.

(4) Source: *Liaisons sociales*, numéro spécial, «Travail temporaire, travail intermittent», n° 6512, avril 1991, par Claudine Bessaguet.

Évolution du travail à durée limitée selon les statuts

	1950/1955	1970/1975	1980/1985	1990/1993
Situations d'emploi particulières « anciennes »				
Ouvriers agricoles (a)	1161000 (54)	375000 (75)	296000 (82)	227000 (93)
Aides familiaux (a)	2520000 (54)	739000 (75)	773000 (82)	515000 (93)
Apprentis (a)	252000 (54)	143000 (75)	202000 (82)	180000 (93)
Travail à domicile (a)	98000 (54)	43000 (75)	115000 (82)	122000 (93)
Ensemble	***4031000***	***1300000***	***1386000***	***1044000***
Situations d'emploi particulières « nouvelles »				
Cdd (c)	*indisponible*	*indisponible*	318000 (85)	628000 (93)
Interim (d)	*indisponible*	124000 (75)	114000 (85)	117000 (93)
Temps partiel (c)	*indisponible*	1371000 (75)	1843000 (85)	2685000 (93)
Mesures « jeunes » (c)		1000 (75)	455000 (85)	790000 (93)
Non titul. Fonction Publique (b)	229000 (50)	428000 (75)	398000 (85)	386000 (93)
Ensemble (hors indisponible)	***229000***	***1924000***	***3128000***	***4606000***
Total des situations d'emploi particulières	***4260000***	***3224000***	***4514000***	***5650000***
Populat. active totale (e)	19500000 (54)	22500000 (75)	24300000 (85)	25100000 (93)
Chômage (e)	377000 (54)	1080000 (75)	2470000 (85)	2910000 (93)

Sources :

(a) Recensements (INSEE) pour 1954, 1975 et 1982. Enquête emploi (INSEE) pour 1993
(b) Recensements des agents de l'État (INSEE)
(c) Enquêtes emploi (INSEE)
(d) Minist. du Travail pour 1975 et enquêtes emploi (INSEE)
(e) Recensements pour 1954, 1975 et enquêtes emploi pour 1985 et 1993

Globalement, la croissance du nombre de personnes placées en situation d'emploi particulière n'est pas flagrante entre 1950 et 1985, sauf si l'on joint les deux dimensions : particularité + chômage. Si l'on calcule ainsi la part de la population active qui, aux trois dates, n'est ni en situation particulière ni au chômage (correspondant dès lors très approximativement à la population en emploi stable), elle est à son maximum vers 1975, avec 80 % environ, et tombe à moins de 65 % en 1985-90, alors qu'elle dépassait 75 % au début des années 50. En 1993, ce ratio atteint 66 %.

Chapitre II

Le développement du travail à durée limitée a des causes multiples

Le développement du travail précaire correspond, à l'évidence, à un essor de la pratique d'entreprise et de modes nouveaux dc gestion du personnel.

L'emploi temporaire est pour l'entreprise un instrument de flexibilité lui permettant d'ajuster au plus près main-d'œuvre désirée et main-d'œuvre effectivement mobilisée dans l'entreprise. Comme instrument de flexibilité, l'emploi temporaire peut être observé selon trois dimensions: coût de l'emploi temporaire, temps de l'emploi temporaire, contrôle de la main-d'œuvre temporaire.

La flexibilité de l'entreprise est multidimensionnelle. Elle se déploie tout d'abord dans une dimension quantitative et correspond alors au phénomène classique des fluctuations de l'activité (saisonnières, conjoncturelles ou d'autre nature). Elle se déploie ensuite dans une dimension plus qualitative et concerne la diversification des activités et des produits. Dans un cas la flexibilité est une simple variabilité; dans l'autre, il est bien plus question de polyvalence. La flexibilité peut en outre être interne, et elle n'atteint pas alors la stabilité du volume de l'emploi, ou externe et elle implique dès lors des effets directs ou médiatisés sur ce volume de l'emploi.

Dans cette perspective, les outils de la flexibilité sont très variés. La variation des stocks, l'allongement des délais de livraison, le recours à (et le rapatriement) de la sous-traitance de capacité ou de spécialité, le jeu sur les heures supplémentaires ou l'utilisation du chômage partiel, les transferts de personnel au sein du marché interne de l'entreprise, le non-remplacement des départs spontanés... jusqu'aux licenciements, toutes ces pratiques sont des instruments classiques et d'utilisation ancienne. Les unes (l'utilisation des stocks, la modification des délais de livraison) amortissent les effets des fluctuations de la demande, qui deviennent sans effet sur les conditions d'utilisation de la main-d'œuvre. Les autres, au contraire, font supporter tout le poids de la flexibilité sur la main-d'œuvre en déstabilisant (licenciements, non-remplacement des départs spontanés...) ou non (heures supplémentaires, utilisation du marché interne...) le volume de l'emploi.

Les nouveaux modes de gestion délaissent certains de ces instruments. Le *«just in time»* réduit par exemple les stocks au minimum et s'oppose aux alternances stockage-déstockage trop coûteuses. L'aménagement du temps de travail peut permettre de réduire le recours aux heures supplémentaires.

Parmi ces nouveaux modes de gestion, la mise en place d'ateliers flexibles d'une part, la mobilisation du marché interne d'autre part (l'organisation d'une forte mobilité d'un personnel polyvalent au sein de l'entreprise), n'ont en principe pas d'effet direct sur le niveau d'emploi mais sur sa structure.

Un mode de flexibilité de l'emploi

Le développement des CDD et de l'intérim désigne, quant à lui, un mode de flexibilité portant sur les effectifs embauchés. A l'inverse des mesures portant sur le temps de travail, du chômage partiel, ou des politiques visant à accroître la polyvalence et la mobilité des salariés, il constitue un mode de flexibilité privilégiant l'externalisation de la main-d'œuvre. Ce caractère externalisé de la flexibilité par l'emploi temporaire n'est pas sans conséquence sur le type d'ajustement visé.

A chaque configuration de la flexibilité peut être en effet associée une dimension quantitative et/ou qualitative. Le recours à la sous-traitance peut ainsi répondre à une motivation quantitative (les variations de l'activité sont répercutées sur les entreprises sous-traitantes) ou qualitative (certaines spécialités et/ou qualifications sont confiées à la sous-traitance). L'utilisation du chômage partiel peut combiner une dimension quantitative (l'entreprise est provisoirement en situation de sureffectif) et qualitative (elle ne veut pas se séparer d'une main-d'œuvre disposant du savoir-faire et des qualifications spécifiques à l'entreprise). L'emploi temporaire d'une main-d'œuvre extérieure, ne disposant donc pas des qualifications spécifiques à l'entreprise, renforce le caractère «quantitatif» de ce type d'ajustement. La surreprésentation des catégories de main-d'œuvre les moins qualifiées parmi les salariés temporaires semble corroborer ce constat.

Toutefois, les choses ne sont pas si simples. Distinctes, les dimensions quantitatives et qualitatives peuvent toutefois être combinées: pour répondre à une sous-utilisation (dimension quantitative) de sa main-d'œuvre permanente l'entreprise peut décider de lui confier – en accroissant sa polyvalence – des spécialités (dimension qualitative) jusqu'alors confiées à la sous-traitance. De même l'utilisation massive des CDD – et dans une moindre mesure de l'intérim – afin de sélectionner une main-d'œuvre avant une embauche ferme renferme une forte composante «qualitative».

A l'instar de l'ensemble des autres instruments de la flexibilité, le recours à l'emploi temporaire n'est pas réductible à une motivation unique et simple. Il résulte d'une multiplicité des motivations qui englobent notamment les coûts d'utilisation, les économies de coûts salariaux. Par exemple, l'emploi temporaire comporte un coût d'usage qui atténue plus ou moins fortement la portée des économies réalisées sur les coûts salariaux.

La facture de l'entreprise de travail temporaire inclut évidemment sa rémunération (couverture de ses charges propres, bénéfices). Selon deux estimations réalisées par l'organisation patronale UNETT, en 1987 et 1991, pour un salaire de base net de l'intérimaire égal à 100, le coût total de l'intérimaire, non compris le bénéfice de l'entreprise de travail temporaire, serait en moyenne 220.

Les coûts de gestion restent variables

Le recours aux CDD comporte également une série de coûts de gestion (frais de recrutement, rapports avec les organismes sociaux, gestion de la paie). Selon une étude datant de 1986-1987, la prise en compte de ces charges indirectes de gestion rapprocherait le coût d'utilisation des CDD de celui de l'intérim. Cette conclusion repose en fait sur l'hypothèse que les économies réalisées par l'activité spécialisée des entreprises de travail temporaire (rendements d'échelle dans la gestion de la main-d'œuvre temporaire, capacité de drainage et de sélection de cette main-d'œuvre) peuvent être supérieures aux coûts spécifiques de l'intérim (bénéfices des entreprises de travail temporaire, indemnité de fin de contrat supérieure). Elle rend ce faisant compte du mouvement réel de rationalisation qu'ont connu les entreprises de travail temporaire au cours de la décennie. Cette conclusion peut néanmoins être contestée. Les coûts de gestion des CDD sont, en effet, fortement variables d'une entreprise à l'autre (selon qu'il existe ou non un service de recrutement du personnel par exemple). Ils sont surtout fortement différenciés selon la qualification (et le volume) de la main-d'œuvre recherchée et selon le caractère régulier (ou non) et prolongé (ou non) du recours.

Au-delà c'est la place même des considérations de coûts immédiats (salaires et charges sociales, frais de gestion et de recrutement...) dans l'utilisation de l'emploi temporaire qui doit être précisée. Malgré les pratiques de rationalisation opérées par les entreprises de travail temporaire le coût d'usage immédiat de l'intérim reste relativement élevé. L'impossibilité de rendre compte de la fonctionnalité de cette forme d'emploi – et dans une moindre mesure des CDD – par référence principale à ce coût d'usage se retrouve dans les motivations invoquées par les entreprises utilisatrices elles-mêmes. Parmi ces motivations, c'est moins la référence aux coûts immédiats et effectifs de la main-d'œuvre qui est mise en avant que la possibilité d'ajuster aisément et rapidement effectif disponible et effectif désiré. C'est donc plus la référence à un coût potentiel (lié à un risque de sous-utilisation ultérieure ou à d'éventuels licenciements) qui domine.

Plus qu'une réduction des rémunérations horaires, c'est une meilleure adéquation entre le temps de travail rémunéré et le temps de travail effectif (accroissant ainsi le rendement du temps rémunéré) que les entreprises recherchent avec l'emploi temporaire. L'une des clefs de différenciation entre l'intérim et les CDD se situe sans doute à cette articulation entre les coûts et les temps d'usage de la main-d'œuvre.

Le besoin de salariés temporaires peut être prévu ou non, ponctuel ou fréquent, long ou court. Le coût de l'intérim est peu variable selon le caractère aléatoire ou répétitif du recours aux intérimaires. A l'inverse, le coût des CDD enregistre des frais fixes de gestion et de recrutement qui se réduisent fortement avec la prévisibilité et la répétitivité des embauches (les possibilités de prospection sont alors plus aisées et peuvent aller jusqu'à la mobilisation de salariés temporaires déjà embauchés précédemment). L'intérim est ainsi privilégié lorsque le besoin d'une main-d'œuvre temporaire est de courte durée, imprévu et irrégulier. Dans ces situations, les capacités de drainage, de sélection préalable et de mise à disposition immédiate de la main-d'œuvre que possèdent les entreprises de travail temporaire sont particulièrement appréciées et d'autant plus sollicitées qu'il s'agit de qualifications relativement rares sur le marché du travail. De fait, la durée moyenne d'une mission d'intérim est de 2 semaines environ, depuis 1984; celle d'un contrat à durée déterminée oscillant aux environs de 12 semaines.

L'emploi à durée limitée peut être aussi un mode de sélection

Il convient toutefois de noter qu'à l'instar des CDD, le recours à l'intérim semble relativement saisonnier, avec une forte concentration en été. De même qu'on constate un usage massif, planifié et de longue durée de l'intérim dans certains établissements de la construction automobile.

L'emploi temporaire, comme mise à l'épreuve pour la sélection du salarié permanent, est devenu une pratique largement répandue au cours des quinze dernières années. L'emploi «atypique» sous une forme temporaire devient ainsi l'un des moyens les plus «typiques» d'insertion d'un demandeur d'emploi dans l'emploi «typique».

Au cours des années 80, de nombreuses entreprises ont engagé une politique d'éviction – sous la forme de licenciement et/ou de mise en préretraite – des salariés jugés les moins performants et de recrutement de salariés plus jeunes et mieux formés. Pour ce recrutement, l'emploi temporaire et les formules de stages aidés ont été largement mobilisés.

L'importance des pratiques de «pré-embauche» dans le recours à l'emploi temporaire est difficile à chiffrer. En 1985, selon une étude réalisée sur la base d'une exploitation des Déclarations de Mouvements de Main-d'Œuvre, on comptait en moyenne cinq entrées sur CDD pour quatre départs seulement. Peut-on en déduire que 20 % des embauches sur ce type de contrat se transforment en embauches fermes? Ce n'est pas exclu.

En revanche, les effets de l'emploi temporaire sur la productivité du travail sont contradictoires. On peut les croire négatifs. Les postes sur lesquels sont embauchés les salariés temporaires sont en général peu qualifiés. Ils n'en exigent pas moins des temps d'adaptation et de formation minimum, qui sont autant de pertes en termes de productivité. Le statut précaire peut se traduire, en outre, par le choix d'un faible effort personnel. Des effets inverses existent toutefois. Le salarié temporaire peut redoubler d'efforts dans l'espoir d'une embauche ferme à l'expiration de son contrat. Pour le salarié intérimaire s'ajoute une pression de la concurrence aiguillonnée par le bilan (écrit ou oral) de l'entreprise utilisatrice à l'ETT.

La présence sur les lieux de travail de salariés temporaires peut en outre stimuler la productivité des salariés permanents. Plus globalement cette présence peut susciter chez ces derniers le sentiment d'être dans une situation privilégiée qu'il faut préserver en redoublant d'efforts et en s'abstenant de toute démarche revendicative.

L'emploi temporaire, en différenciant les statuts, introduit ou renforce l'éclatement et l'instabilité du collectif de travail. Si d'un point de vue juridique les salariés temporaires bénéficient des mêmes droits d'expression et d'organisation que les salariés permanents, le caractère temporaire de leur présence dans l'entreprise et l'espoir d'une éventuelle embauche ferme sont autant de facteurs dissuasifs face aux velléités de contestation ou d'organisation collective.

L'emploi temporaire peut protéger la paix sociale quand il isole les travailleurs dont les conditions de salaire, de sécurité et d'emploi sont susceptibles de provoquer de fortes tensions sociales. Le recours à l'emploi temporaire peut même être présenté par les directions d'entreprises comme un moyen de préserver les garanties attachées au statut

Avantages comparatifs des CDD et de l'intérim

	CDD*	Intérim*	Remarques
COÛT – immédiat	– pression à la baisse du taux de salaire pour une même qualification et malgré les dispositions légales interdisant ce types de pratiques.	– idem.	– *certains stages aidés sont beaucoup plus avantageux à ce niveau.*
	– non-paiement des mesures liées à l'ancienneté et aux politiques d'attachement et de motivation du personnel.	– idem.	
	– *indemnité (de fin de contrat) de 6 %.*	– *Indemnité de Précarité d'Emploi (IPE) de 10 %.*	– *le coût immédiat de l'intérim est relativement élevé.*
	– *existence du coût de gestion et de recrutement.*	– *frais de mission versés à l'ETT.* – frais financiers supportés par l'ETT (qui est payée avec retard). – pas de frais additionnels de sélection et de recrutement.	– plus la durée du CDD est élevée et plus les coûts fixes de gestion tendent à diminuer.
– potentiel	– permet d'éviter un coût éventuel de licenciement.	– idem.	– c'est le principal motif de coût mis en avant.
TEMPS	– permet de réduire les temps morts en ajustant l'effectif employé et rémunéré à l'effectif désiré.	– idem.	
	– utilisé plutôt pour un besoin prévu, régulier et long.	– utilisé plutôt pour un besoin bref, imprévu et court. En cas de besoin imprévu, les capacités de drainage de l'ETT sont d'autant plus avantageuses.	– importance ici de la combinaison des variables de coût et de temps pour usage respectif des CDD ou de l'intérim.
CONTRÔLE – sur le climat social	– la différenciation des statuts renforce l'instabilité et l'éclatement du collectif de travail.	– idem. De plus les droits collectifs de l'intérimaire s'exercent dans l'ETT et non dans l'entreprise utilisatrice.	
	– le caractère temporaire de la présence dans l'entreprise et l'espoir d'une éventuelle embauche ferme sont des facteurs dissuasifs face aux velléités de contestation.	– idem. De plus l'entreprise utilisatrice effectue un bilan (écrit ou oral) de la mission à l'ETT.	
		– permet d'échapper à certains seuils légaux.	
	– permet d'isoler les postes aux conditions de travail et de rémunération les plus faibles.	– idem.	– *la sous-traitance est plus systématiquement utilisée pour ce type de motif.*
– sur l'effort productif	– possibilité de choisir le salarié sur CDD.	– *c'est l'ETT qui dans une large mesure choisit l'intérimaire.*	
	– effort productif redoublé dans l'espoir d'une embauche ferme.	– idem.	
	– facteur de « mobilisation générale » : la présence de CDD peut stimuler l'effort productif des permanents et plus généralement développer chez eux le sentiment d'être dans une situation privilégiée qu'il convient de préserver.	– idem.	
	– temps d'adaptation et de formation au poste.	– idem. Toutefois avantage de la sélection opérée par l'ETT, d'autant plus forte pour les postes qualifiés.	
	– le caractère temporaire de l'emploi peut se traduire par le choix d'un faible investissement personnel.	– idem. Toutefois, pour l'intérimaire, existe la pression de la concurrence aiguillonnée par le bilan de l'entreprise utilisatrice à l'ETT.	
– avant une embauche ferme	– permet de sélectionner la main-d'œuvre avant une embauche définitive.	– idem.	– l'utilisation de l'intérim est ici une formule plus coûteuse car ce besoin est en général prévu et le temps de la sélection peut être assez long.

* En caractère standard : les avantages respectifs des CDD et de l'intérim. En italique : les désavantages respectifs.

de permanent. La sous-traitance de services semble toutefois assurer des fonctions identiques de façon sans doute plus efficace lorsque l'entreprise recourt en permanence à ce type de pratiques.

Dans le cadre d'une stratégie d'attachement et de motivation du personnel, le recours à l'emploi temporaire peut se situer à la lisière de l'œuvre sociale: l'entreprise recrute alors (surtout sur CDD durant les congés scolaires) des enfants de salariés permanents.

Une économie en coût social des éventuels licenciements

Plus fondamentalement, l'emploi temporaire économise le coût social des éventuels licenciements. Il permet d'opérer plus aisément et à moindres frais les futures restructurations que l'on a planifiées (délocalisation, changement d'activité, fermeture d'établissement...). L'entreprise facilite ainsi sa «stratégie de mobilité». Dans le même sens, l'emploi temporaire peut faciliter l'introduction future de nouvelles technologies. Deux stratégies différentes peuvent ici être mises en œuvre. La première est l'utilisation de l'emploi temporaire sur des postes susceptibles de disparaître avec ces innovations. La seconde, plus qualitative, utilise des salariés temporaires pour tester les effets de ces nouvelles technologies (afin de mieux définir les postes et les qualifications requises pour leur utilisation future).

Les données sur l'emploi temporaire font apparaître d'importantes différences d'utilisation selon la taille et les secteurs d'activité des établissements utilisateurs. Plus la taille des établissements est élevée et plus croît la proportion d'utilisateurs de CDD ou d'intérim. En revanche, plus cette taille est faible et plus l'intensité du recours est importante. Les petits établissements sont donc plus rarement utilisateurs, mais lorsqu'ils le sont, l'effectif des temporaires est, proportionnellement à l'effectif des permanents, plus important. Dans les grandes unités l'emploi temporaire est plutôt utilisé afin de remplacer des salariés absents. Dans les petites unités il permet le plus souvent de faire face à un surcroît d'activité.

Du point de vue de l'emploi temporaire, les secteurs d'activité se différencient nettement. Les secteurs les plus utilisateurs de CDD d'une part, d'intérim d'autre part, se recouvrent rarement. Selon les données des enquêtes du ministère du Travail, trois secteurs (le bâtiment et le génie civil, les industries de biens d'équipement et les industries de biens intermédiaires) rassemblent à eux seuls environ deux intérimaires sur trois. Plus de quatre CDD sur dix se situent par contre dans deux secteurs du tertiaire: les services marchands et les commerces.

Les données des enquêtes triennales Acemo du ministère du Travail de 1983 et 1987 permettent d'apprécier trois dimensions essentielles de l'évolution de l'emploi temporaire:

– entre ces deux dates, l'usage des CDD, déjà traditionnellement moins «spécialisé» que l'intérim, a eu tendance à se généraliser dans l'ensemble des secteurs d'activité. Mais la tendance à l'effacement des différences entre activités économiques constatées pour les CDD ne se produit pas pour l'intérim. La part des travailleurs intérimaires parmi l'ensemble des salariés progresse entre 1983 et 1987 dans l'industrie et le bâtiment; elle reste stable ou régresse dans le tertiaire. Dans la dernière période toutefois, cette tendance à une spécialisation croissante de l'intérim semble s'être partiellement inversée. En 1989 et 1990, la progression de l'intérim est ainsi particulièrement nette dans le tertiaire;

– l'intensité du recours à l'intérim par les seuls utilisateurs a baissé dans l'ensemble des secteurs observés entre 1980 et 1987, à l'exception du bâtiment. L'intensité du recours aux CDD a eu tendance à baisser dans les secteurs à forte intensité de recours en 1980 (à l'exception des activités de commerce) et, par contre, à augmenter dans les secteurs à faible intensité;

– aucun secteur ne cumule dans ses effectifs à la fois une forte proportion d'intérimaires et de salariés sous CDD. Les activités qui recourent le plus aux CDD utilisent peu l'intérim. Le taux maximum de CDD (près de 7 %) est ainsi atteint dans trois secteurs où le taux d'intérimaires est particulièrement faible (0,3 % maximum): commerce de gros alimentaire, commerce de détail alimentaire, hôtels-cafés-restaurants. Inversement les gros utilisateurs d'intérim font peu appel aux CDD (2,6 % d'intérimaires dans la production de minerais, métaux et demi-produits non ferreux pour seulement 1,7 % de CDD; dans le pétrole les taux sont respectivement de 2,2 % et de 1,5 %).

L'usage du travail temporaire dépend de plusieurs variables

Un découpage encore plus fin des secteurs d'activité fait par exemple apparaître, au second trimestre 1991, un très fort taux de CDD dans les services récréatifs et culturels non marchands (32 %) ou marchands (14 %). Les CDD sont également fortement présents dans toutes les industries agricoles et alimentaires – et plus particulièrement dans la conserve (10 %) et les industries laitières (7 %) – et dans certains secteurs du tertiaire: hôtels-cafés-restaurants (9,5 %), services marchands de la santé (6,5 %), grandes surfaces (5,5 %). Les fortes proportions d'intérimaires se retrouvent plutôt dans l'industrie et le bâtiment et plus particulièrement (avec des taux d'intérimaires d'environ 4 %) dans la fonderie, l'extraction de minerais non ferreux, la sidérurgie, les conserves et le bâtiment. Quelques rares secteurs utilisent intensément et conjointement les deux formes d'emplois temporaires: l'extraction de minerais non ferreux, la fonderie et les industries agro-alimentaires.

Si le type d'activité n'impose pas par lui-même un type d'usage de l'emploi temporaire, les écarts constatés selon les branches s'expliquent par d'autres variables reflétant des choix d'entreprise. Trois grands domaines peuvent être évoqués: le degré d'incertitude pesant sur l'activité de l'entreprise, le type de stratégie socioproductive (incluant les choix opérés en matière d'organisation du travail, de structuration du marché interne et de stratégie de flexibilité privilégiée), enfin les relations professionnelles.

Une étude réalisée auprès de firmes utilisatrices de l'intérim insiste de même sur les changements intervenus dans les pratiques de recrutement des entreprises au cours des années 80: le sentiment d'être en situation d'incertitude les encourage à ne recruter que pour une durée limitée du personnel à la qualification exactement adaptée aux besoins anticipés.

Ce scénario doit toutefois être reconstruit et périodisé. Au milieu des années 80, avec les premiers signes de la reprise, les entreprises marquées par le «souvenir de la récession précédente» ont fortement recouru à l'emploi temporaire pour satisfaire leurs besoins en main-d'œuvre. Par la suite, à partir de la fin 1988 pour les CDD et de la fin 1989 pour l'intérim, la durabilité de la reprise et sa capacité à perdurer, malgré les krachs financiers successifs, ont incité les firmes à embaucher sur CDI.

A ce moment, on constate un tassement de la part de l'emploi temporaire parmi les effectifs salariés. C'est toutefois principalement par le reflux des TUC et des SIVP que la précarisation de l'emploi s'atténue alors. La régression de la part des emplois temporaires dans les effectifs globaux, à la faveur du prolongement de la reprise, est toutefois difficile à appréhender avec précision. Dès le second semestre 1990, c'est au contraire le retournement de la conjoncture qui va, en effet, concourir au tassement du recours à l'emploi temporaire.

Le recours à l'emploi temporaire selon la taille des établissements (en %)

		Avr-77		Avr-80		Avr-83		Avr-87		Avr-92	
		CDD	Intérim	CDD	Intérim	CDD	Intérim	CDD	Intérim	CDD	Intérim
De 10 à 49 salariés	PU (1)	8,1	5,0	20,9	8,1	24,8	5,1	45,6	8,3	37,4	11,1
	PS (2)	1,2	0,7	3,0	1,2	2,2	0,5	4,2	0,7	3,9	1,1
	TU (3)	9,5	7,5	nd	nd	nd	nd	8,3	6,5	9,0	7,7
De 50 à 199 salariés	PU	22,1	13,9	44,5	22,6	52,5	19,5	71,1	24,1	70,0	33,5
	PS	1,7	1,2	3,7	1,6	2,7	0,9	4,6	1,3	5,0	2,2
	TU	6,1	6,6	nd	nd	nd	nd	6,1	4,7	6,8	5,9
De 200 à 499 salariés	PU	38,4	26,7	65,0	39,8	70,4	38,6	80,9	41,5	83,4	55,0
	PS	1,9	1,1	3,6	1,9	2,5	1,2	3,9	1,5	4,5	2,6
	TU	4,4	3,6	nd	nd	nd	nd	4,7	3,4	5,4	4,6
500 salariés et plus	PU	47,5	44,7	74,8	59,3	74,8	63,0	83,3	59,6	87,3	69,6
	PS	1,2	1,4	2,2	1,8	1,6	1,2	2,4	1,3	3,2	2,1
	TU	2,3	2,5	nd	nd	nd	nd	2,7	1,0	3,6	2,7
TOTAL	**PU**	**12,0**	**7,9**	**27,0**	**12,3**	**30,6**	**8,7**	**50,7**	**12,0**	**44,2**	**16,3**
	PS	**1,4**	**1,1**	**3,0**	**1,6**	**2,3**	**0,9**	**3,8**	**1,1**	**4,1**	**1,9**
								5,4	**3,4**	**6,2**	**4,7**

(1) Proportion d'établissements qui recourent au CDD ou à l'intérim parmi l'ensemble des établissements de la taille considérée.
(2) Proportion de salariés sous CDD ou intérim parmi les salariés de l'ensemble des établissements de la taille considérée.
(3) Taux d'utilisation: part des CDD ou des intérimaires dans les seuls établissements utilisateurs de la taille considérée.
Source: ministère du Travail, enquêtes ACEMO

En 1992, plus de 80 % des établissements de plus de 200 salariés utilisent des CDD contre moins de un sur deux pour les établissements de 10 à 50 salariés. Le contraste est encore plus marqué pour l'intérim avec, à chaque pôle, des proportions qui vont de 70 à 11 %. Pour les CDD, et quelle que soit la taille de l'établissement, la proportion d'utilisateurs n'a cessé de croître fortement entre 1977 et 1987. Pour l'intérim, elle a baissé entre 1980 et 1983 (sauf pour les établissements de 500 salariés et plus) avant de croître à nouveau ensuite.

Les motifs de recours à l'intérim et aux CDD selon les secteurs en 1987*

	Remplacement d'un salarié absent	Accroissement d'activité	Tâche saisonnière	Autres cas de remplacement**	Ensemble des motifs
INTÉRIM					
Industrie	55,1	41,6	1,0	2,3	100,0
BGCA	24,1	73,2	1,8	0,8	100,0
Commerces	53,7	43,4	0,9	2,0	100,0
Services	67,3	27,6	1,4	3,6	100,0
Ensemble	**53,6**	**39,6**	**2,6**	**4,2**	**100,0**
CDD					
Industrie	33,4	41,2	20,1	5,3	100,0
BGCA	16,6	71,6	5,6	6,2	100,0
Commerces	49,7	23,6	21,1	5,6	100,0
Services	67,7	14,4	13,5	4,4	100,0
Ensemble	**49,5**	**28,3**	**17,1**	**5,1**	**100,0**

* Les réponses de 1977 à 1987 sont très stables.
** L'enquête ne proposait que les motifs prévus par la réglementation.
Source: enquête spécifique ACEMO de 1987.

Le degré de mobilité et de polyvalence du personnel

Dans le cadre d'une stratégie de gestion des ressources humaines, centrée sur la mobilisation des compétences et les capacités de polyvalence du personnel, deux types de recours peuvent être envisagés:

– d'une part l'utilisation de salariés temporaires qualifiés afin de satisfaire un besoin non durable dans la qualification désignée. Ce besoin peut résulter de l'absence temporaire d'un salarié permanent ou être associé à l'exécution d'une tâche non durable;

– d'autre part l'utilisation de salariés temporaires sur des postes périphériques qui dérogent à la stratégie de gestion de la main-d'œuvre dominante dans l'entreprise. L'emploi temporaire contribue alors à homogénéiser la main-d'œuvre permanente et à externaliser les catégories périphériques. Il permet, ce faisant, d'écarter certains postes de l'accès au marché interne de l'entreprise. La sous-traitance semble toutefois plus utilisée pour ce genre de pratiques.

A l'opposé de ce type de gestion, se situent les entreprises qui recourent massivement à l'emploi temporaire pour appuyer une stratégie de réduction des coûts d'utilisation de la main-d'œuvre. Certaines pratiques récentes de magasins de grande distribution illustrent cette tactique. Elles s'appuient toutefois plutôt sur les diverses formules de stages aidés, dans une moindre mesure sur les CDD, relativement peu sur l'intérim.

C'est bien entendu dans l'éventail des combinaisons possibles entre ces deux cas polaires que se situent la plupart des usages de l'emploi temporaire. Dans tous les cas, le type de marché interne dont dispose l'entreprise va influer sur la gamme de ces choix.

Le degré de mobilité et de polyvalence du personnel à l'intérieur de l'établissemnt, ou entre les différents établissements d'une même firme, détermine en partie l'intensité du besoin en main-d'œuvre externe. Enfin, l'importance du marché interne va lui-même dépendre en partie du degré d'intégration verticale et horizontale de la firme (1).

NOTE DU CHAPITRE II

(1) Source: *Travail et Emploi* n° 52, 1992/2, «CDD et intérim, bilan d'une décennie», par François Michon et Christophe Ramaux.

Chapitre III

CDD et intérim : deux formes pivot de travail à durée limitée

Les formes d'emploi précaire se sont étendues jusqu'en 1980 pour l'intérim, et 1982 pour les contrats à durée déterminée. Il y a ensuite un reflux, provoqué dans le second cas par l'ordonnance de février 1982 limitant strictement les cas où un tel recours était possible. Puis, à partir de 1984, la tendance a été de nouveau à la hausse, notamment pour les contrats à durée déterminée, du moins jusqu'à la fin de la décennie 80.

Début 1982, il y avait environ 150000 intérimaires, pour 100000 seulement début 1984, et 110000 début 1985. Quant au nombre de salariés ayant un contrat à durée déterminée, il est passé de 306000 en avril-mai 1982 à 260000 en mars 1983 et mars 1984, puis à 315000 en mars 1985. A cette date, l'importance des emplois précaires restait donc très modeste: quelque 3,8 % des salariés (hors État et collectivités locales) occupaient début 1985 un emploi de cette sorte (intérim, contrat à durée déterminée, stage). Mais l'évaluation est triple si on se limite aux jeunes de moins de 25 ans: 12 % des jeunes gens, 11 % des jeunes femmes.

Cependant, au cours d'une période donnée, le nombre de personnes étant passées par l'intérim, ou ayant eu un contrat de travail à durée déterminée, est évidemment beaucoup plus important que ces faibles «stocks». Bien que les données de flux soient encore plus approximatives et incertaines que celles de stocks, on a pu estimer qu'au moins 400000 personnes – pratiquement trois fois le stock de l'époque – étaient passées par l'intérim, et au moins 600000 personnes – plus de deux fois le stock – avaient eu un contrat à durée déterminée en un an, entre octobre 1979 et octobre 1980.

Dans le même ordre d'idée, et en admettant qu'intérimaires, stagiaires et titulaires d'un contrat à durée déterminée ont tous moins d'un an d'ancienneté dans leur entreprise, ils représentent, en mars 1985, 30 % de l'ensemble des salariés (hors salariés de l'État et collectivités locales et apprentis) ayant moins d'un an d'ancienneté. Ceci donne une mesure indirecte, et sûrement sous-estimée, du poids des emplois précaires dans l'embauche.

Si on se limite aux établissements de 50 salariés ou plus, une mesure exacte de la part des contrats à durée déterminée dans l'ensemble des embauches peut être établie pour 1983 et 1984. Très différente suivant le trimestre, elle est toujours importante: autour de 40 % au premier trimestre, autour de 50 % au second, autour de 70 % au troisième, autour de 50 % au quatrième. Ces ordres de grandeur sont très supérieurs aux 30 % estimés plus haut, mais ils ne portent pas sur toute l'économie.

Progression continue du chômage à partir de 1975, accentuation des disparités entre les jeunes et les autres, plus prononcées que dans la plupart des autres pays développés, ces deux constatations majeures sont sans doute en partie liées au développement des emplois précaires. Il est donc intéressant de dater avec précision le moment de leur décollage: est-ce le printemps 1975, dès la rupture, ou a-t-il eu lieu plus tard, en 1976, 1977, voire 1978? Les éléments disponibles font pencher pour 1976, en réaction à la reprise qui a suivi la rupture (1).

La progression ou la baisse du nombre de CDD ou des contrats d'intérim au cours de l'année laisse penser également que ces fluctuations correspondent à une certaine saisonnalité. Ainsi, en 1984, dans l'ensemble des activités, le nombre d'entrées sur contrat à durée déterminée pour 1000 salariés présents passe de 18 au premier trimestre à 25 au second puis à 51 au troisième, et retombe à 20 au quatrième. Le troisième trimestre est donc nettement plus accentué que les autres. Ce profil se retrouve aussi bien dans l'industrie que dans le tertiaire et dans le bâtiment.

En effet, les entreprises utilisent les contrats à durée déterminée lorsqu'elles doivent maintenir leur activité au troisième trimestre et remplacer les salariés en congés, dans les commerces ou les services de santé par exemple. Elles font aussi appel à ce type de contrat pour faire face à un accroissement momentané de leur activité comme dans les industries agricoles et alimentaires. Dans le tertiaire, le quatrième trimestre est aussi renforcé, sans doute à cause du surcroît de demande auquel doivent faire face les commerces en décembre. L'utilisation de ces contrats est cependant limitée par les ordonnances de 1982: «(il faut) éviter que des emplois normalement permanents soient tenus de manière permanente par des titulaires de contrats précaires».

Les entrées dues à des contrats à durée déterminée étaient réparties de la même façon en 1983 qu'en 1984, et étaient à peu près aussi nombreuses. Mais le troisième trimestre est plus fort en 1984. En effet, la conjoncture était relativement soutenue et, en 1984, les effectifs des entreprises étaient plus serrés et mieux adaptés à la production qu'en 1983 (2).

De faibles volumes d'emploi en jeu pour le CDD

Largement majoritaire en flux, le phénomène des contrats à durée déterminée reste néanmoins marginal en termes de stock. Dans la plupart des cas, la durée moyenne des contrats à durée déterminée est très limitée dans le temps. Elle est comprise entre 2,3 et 2,6 mois dans l'ensemble des activités en 1985. A cette même date, 43,5 % de ces contrats étaient conclus pour une durée inférieure à un mois et plus de quatre sur cinq pour une durée inférieure ou égale à trois mois.

En les mesurant en mois de travail, on peut estimer que ces contrats ont représenté entre 2,6 % et 2,9 % de l'emploi salarié en 1985. Le volant de main-d'œuvre qu'ils constituent est plus élevé dans le secteur tertiaire que dans l'industrie: environ 3,5 % de l'emploi total dans les commerces et services, contre un peu plus de 2 % de l'emploi industriel. La rotation de cette main-d'œuvre est aussi plus rapide dans le tertiaire que dans l'industrie: la durée moyenne des contrats dans le tertiaire était d'un peu plus de deux mois en 1985, contre plus de deux mois et demi dans l'industrie. Le tertiaire recourt plus fréquemment que l'industrie aux contrats à durée déterminée.

Le volume d'emplois sur contrats à durée déterminée a plus progressé dans l'industrie que dans le tertiaire. Dans l'industrie, cela résulte à la fois d'une augmentation plus rapide du nombre des contrats, et d'un léger allongement de leur durée moyenne. A l'inverse, dans le tertiaire, leur durée moyenne a eu tendance à diminuer.

S'ils concernent de faibles volumes d'emploi, les contrats à durée déterminée sont aussi très saisonniers. Au cours de la même période (1983-1985) un peu plus de 40 % de ces contrats sont signés en effet au troisième trimestre, ce qui correspond en partie au remplacement des salariés en congé. Les entreprises utilisent aussi les contrats à durée déterminée pour répondre au rythme saisonnier de leurs activités, ou aux pointes de production.

C'est ce que traduit le profil saisonnier de ces embauches dans certains secteurs, en particulier dans les commerces où la forte activité de fin d'année se traduit par un surcroît d'embauche. Il reste cependant délicat d'estimer l'importance de ces cas de recours aux contrats à durée déterminée. En effet, les secteurs à forte activité saisonnière pratiquant ce type de contrats ont aussi de façon habituelle un taux d'embauche ferme élevé. C'est notamment le cas dans les industries agricoles et alimentaires.

Les embauches fermes présentent également un caractère saisonnier, mais beaucoup moins marqué. Elles sont plus fréquentes au cours du premier trimestre (3).

Emplois traditionnels et emplois hors norme 1982-1993

(en milliers)	Avr-82	Mar-83	Mar-84	Mar-85	Mar-86	Mar-87
Emploi salarié à plein temps et à durée indéterminée	16210	16337	16185	15711	15441	15359
Ensemble des formes d'emploi hors norme	516	453	432	587	824	962
dont:						
stagiaires	75	73	69	155	302	352
intérimaires	129	114	104	114	130	124
salariés sous CDD	312	266	259	318	392	486
Ensemble des salariés (1)	18206	18377	18301	18141	18315	18387
dont:						
à temps plein	16726	16790	16617	16298	16265	16321
(%)	*91,9*	*91,4*	*90,8*	*89,8*	*88,8*	*88,8*
à temps partiel	1480	1587	1684	1843	2050	2066
(%)	*8,1*	*8,6*	*9,2*	*10,2*	*11,2*	*11,2*

(en milliers)	Mar-88	Mar-89	Jan-90	Mar-91	Mar-92	Mar-93
Emploi salarié à plein temps et à durée indéterminée	15306	15441	15931	16152	15994	15431
Ensemble des formes d'emploi hors norme	1087	1204	1101	1042	1108	1249
dont:						
stagiaires	375	341	276	277	321	444
intérimaires	166	238	232	215	211	177
salariés sous CDD	546	625	593	550	576	628
Ensemble des salariés (1)	18556	18877	19280	19476	19503	19365
dont:						
à temps plein	16393	16645	17032	17194	17102	16680
(%)	*88,3*	*88,2*	*88,3*	*88,3*	*87,7*	*86,1*
à temps partiel	2163	2232	2248	2282	2401	2685
(%)	*11,7*	*11,8*	*11,7*	*11,7*	*12,3*	*13,9*

(Source: enquêtes annuelles emploi de l'INSEE).

1982/1993: moins d'emplois traditionnels (- 779000), plus d'emplois hors norme (+ 733000) pour une population salariée en nette progression (+ 1159000).

Les emplois atypiques sont apparus lors des restructurations

Si, entre les emplois dits «traditionnels» et les non traditionnels ou atypiques, la substitution est indéniable depuis 1982, celle-ci ne s'est pas faite régulièrement. Des inflexions se sont produites, dues à la conjoncture économique et sociale.

En 1982-1983, beaucoup d'emplois sont supprimés sous le coup des restructurations de l'appareil productif. L'emploi salarié traditionnel chute fortement: près de 300000 emplois en moins en mars 1984 par rapport à l'année précédente. Sous l'effet de nouvelles dispositions législatives et d'une conjoncture particulièrement déprimée, intérim et contrats à durée déterminée reculent aussi. L'emploi traditionnel chute encore de 200000 chacune des deux années 1984 et 1985, mais la forte poussée de toutes les autres formes d'emploi fait plus que compenser cette perte. Au premier rang des emplois atypiques, les stages, d'abord les TUC puis les SIVP, sont destinés aux jeunes. Continuant de progresser, les emplois à temps partiel ont permis à eux seuls la création nette d'emplois féminins. Enfin, l'intérim et les contrats à durée déterminée se diffusent à nouveau.

En 1986 et 1987, la perte d'emplois salariés traditionnels est ramenée en dessous de 100000 par an. Le dispositif des stages plafonne. Intérim et surtout contrats à durée déterminée prennent le relais, concourant au solde positif de l'emploi salarié.

La propagation des emplois non traditionnels est encore plus significative chez les hommes de 30 à 49 ans qui constituent le «noyau dur» de la force de travail. Leur insertion est achevée, le temps partiel peu répandu. Mais la proportion de ceux qui sont embauchés avec un statut particulier a régulièrement augmenté depuis six ans: de moins de 20 % en 1982-1983 à plus de 30 % en 1988.

Ainsi, c'est par l'appel à ce type d'emplois que se manifeste la reprise de l'activité, la chute de l'emploi traditionnel étant seulement freinée sans être encore enrayée. Les emplois non traditionnels représentent maintenant la majorité des embauches de salariés: parmi les salariés embauchés depuis moins de trois mois dans leur entreprise, plus d'un sur deux l'est sur un emploi atypique alors que six ans plus tôt, la proportion n'était que d'un sur trois.

Les moins de 30 ans sont concernés par tous les types d'emplois hors normes: intérim ou contrats à durée déterminée, stages. Chez les jeunes femmes, c'est même l'«atypique» qui devient le plus courant, puisque près des deux tiers d'entre elles sont embauchées sous une de ces for-

Évolution des diverses catégories d'emploi 1982-1993

(en milliers)	1982/83	1983/84	1984/85	1985/86	1986/87	1987/88
Emploi salarié total	171	-76	-160	174	72	169
Emploi salarié à plein temps et à durée indéterminée	127	-152	-474	-270	-82	-53
Temps partiel	107	97	159	207	16	97
Stages	-2	-4	86	147	50	23
Intérim	-15	-10	10	16	-6	42
CDD	-46	-7	59	74	94	60
Emploi salarié hors norme	44	76	314	444	154	222

(en milliers)	1988/89	1989/90	1990/91	1991/92	1992/93	Cumul 1982/93
Emploi salarié total	321	403	196	27	-138	**1 159**
Emploi salarié à plein temps et à durée indéterminée	135	490	221	-158	-563	**-779**
Temps partiel	69	16	34	119	284	**1 205**
Stages	-34	-65	1	44	123	**369**
Intérim	72	-6	-17	-4	-34	**48**
CDD	79	-32	-43	26	52	**316**
Emploi salarié hors norme	186	-87	-25	185	425	**1 938**

(Source: enquêtes annuelles emploi de l'INSEE).

mes particulières. La proportion est inférieure pour les hommes, mais elle tend à se rapprocher de ce plafond (4).

Au cours de la période 1985/1989, on observe également un autre phénomène. Les recrutements à durée déterminée sont plus nombreux que les départs pour fin de contrat. Ce déséquilibre entre entrées et sorties tient essentiellement à la transformation de ces contrats en embauches fermes dans le même établissement. La propension à pérenniser ces emplois précaires progresse sur toute la période, signe qu'un nombre croissant de contrats ont été transformés en embauches fermes. D'ailleurs, le taux de recrutement ferme a, lui aussi, augmenté, surtout en 1988 (+ 18 %) et 1989 (+ 21 %).

La croissance des contrats à durée déterminée entre 1985 et 1989 a permis des sorties plus nombreuses de l'ANPE pour reprise d'activité, mais a aussi alimenté les flux d'entrée au chômage pour fin de contrat.

La forte progression, en fin de période, des mouvements de sorties à l'issue de contrats à durée déterminée n'a pas entraîné d'accélération des entrées en chômage correspondantes, qui progressent comme les années précédentes en 1988 et diminuent même en 1989. Cela tient d'une part au plus grand nombre de transformations en embauches fermes, et d'autre part à une offre d'emplois globale plus forte. Enfin, les entrées en chômage suite à un licenciement économique ont baissé, en liaison avec la diminution de ces licenciements.

Le ralentissement de la croissance économique en 1990 n'affecte, dans un premier temps, que les recrutements à durée déterminée et leur transformation en embauches fermes. En effet, le taux de recrutement sur contrat à durée déterminée diminue légèrement, s'établissant à 21,1 % des effectifs occupés, après son maximum de 25,5 % en 1989. Ceci rompt avec l'accélération des deux années antérieures. En outre, la propension à transformer ces contrats en embauches fermes diminue légèrement. Cependant, les recrutements fermes progressent encore, permettant une croissance de l'offre de travail moins vive qu'en 1989, mais plus riche en emplois stables.

Au cours des années 1985/1989, les recrutements fermes et temporaires s'accroissaient simultanément, alors qu'en 1990, pour la première fois depuis son enregistrement (1983), le taux de recrutement sur contrat à durée déterminée a baissé, de 21,5 % en 1989 à 21,1 % en 1990. Dans le même temps, le taux d'embauche ferme est passé de 8,0 % à 8,8 % (5).

Deux embauches sur trois ont été effectuées sur des contrats à durée déterminée ; néanmoins ceux-ci ne constituent qu'une faible part des emplois. Selon l'enquête trimestrielle du ministère du Travail, le tassement des recrutements sur ce type de contrats a fait régresser leur part dans l'emploi. Celle-ci est passée de 4,4 % à 3,9 %, en données corrigées des variations saisonnières, entre le début et la fin de l'année.

Si leur durée moyenne est similaire en 1989 et 1990 pour l'ensemble des activités, les contrats à durée déterminée signés dans le secteur du bâtiment étaient plus courts en 1990 qu'en 1989.

CDD et embauches fermes

Le taux de sortie pour ces contrats est, comme les années précédentes, inférieur au taux d'entrée. D'après l'enquête emploi de l'INSEE, la majeure partie de cet écart correspond à des transformations de contrats à durée déterminée en embauches fermes dans le même établissement. La pratique de recrutement à durée déterminée avant embauche définitive traduit une incertitude sur les besoins de main-d'œuvre ou une prolongation de la période d'essai, voire les deux à la fois. Cette pratique s'étant développée de 1985 à 1989, l'écart s'est agrandi, puis il s'est réduit en 1990.

On peut penser qu'à cette époque les chefs d'entreprise ont été un peu moins attentistes dans leur politique de recrutement en proposant directement des embauches fermes, ou, qu'au contraire, ressentant les signes du ralentissement économique, ils ont renoncé à transformer certains contrats en embauches fermes.

En 1992, ces dernières diminuent de façon plus sensible que les recrutements à durée déterminée; en 1991, c'était l'inverse. En deux ans, les taux d'entrée correspondant à ces deux types de contrats ont perdu chacun plus de deux points. Les contrats à durée déterminée constituent plus des deux tiers des recrutements actuels, mais ils représentent toujours moins de 4 % de l'emploi dans les établissements d'au moins 50 salariés, compte tenu des courtes durées de travail qui leur sont associées.

En 1992, les transformations de contrats à durée déterminée en embauches fermes sont moins fréquentes; elles seraient de l'ordre de 17 %, contre 20 % en 1991 et 24 % en 1990. L'écart entre entrées et sorties sur contrats à durée déterminée, qui selon l'enquête emploi de l'INSEE recouvre les transformations en embauches fermes, se réduit sous l'effet conjugué d'une baisse des entrées et d'une augmentation des sorties (6).

Au total, année après année, les contrats à durée déterminée et les missions d'intérim gagnent du terrain aux dépens de l'emploi «typique» fondé sur le contrat de travail sans limitation de durée. Pour autant, le mouvement n'est pas linéaire: il connaît d'amples fluctuations saisonnières, particulièrement dans le tertiaire au moment des congés d'été ou des fêtes de fin d'année. En outre, ces «nouvelles formes d'emploi» se montrent très sensibles à la conjoncture: leur développement est fortement ralenti, voire stoppé, lorsque l'activité économique recule, comme en 1980-1983 ou 1990-1993 ; à l'inverse, il reprend dès que s'amorce la reprise, comme en 1984-1986, au point d'apparaître, avec le recul, comme un signe précurseur du redressement de l'emploi.

L'essor du travail précaire intéresse un public spécifique

La conjoncture économique n'est, au demeurant, pas la seule à faire sentir ses effets : les fluctuations du régime juridique des CDD et de l'intérim semblent également avoir un impact direct sur le rythme de leur développement, dans le sens du freinage en 1982, comme de l'accélération en 1986, ou encore d'une certaine stabilisation en 1989-1990. Influence difficile à isoler toutefois, tant de faits ayant coïncidé dans le temps, interventions législatives et cycles économiques...

Quoi qu'il en soit, il apparaît que les emplois précaires ne sont pas distribués au hasard parmi les salariés, mais échoient plutôt à certains groupes aux caractéristiques bien spécifiques. En outre, l'analyse socio-démographique montre que chaque forme d'emploi particulière semble avoir son public, en même temps qu'elle est plus particulièrement utilisée par telle ou telle branche ou catégorie d'entreprise.

Ainsi l'intérim concerne pour beaucoup des hommes, ouvriers de l'industrie, souvent peu qualifiés. Ce sont au contraire plutôt des femmes qui occupent sous contrat à durée déterminée des postes d'employées dans le secteur tertiaire. En outre, les travailleurs précaires sont en général nettement plus jeunes et moins qualifiés que la moyenne. En 1990, par exemple, la part de CDD dépasse 80 % dans les embauches d'ouvriers non qualifiés. Mais ceux-ci quittent ou perdent aussi leur emploi plus souvent que les autres groupes socioprofessionnels par démission ou licenciement.

Parmi les employés, comme pour les ouvriers, les moins qualifiés présentent des taux de mobilité très élevés sur contrats à durée déterminée. Pour les cadres supérieurs et les professions intermédiaires, les embauches fermes sont plus fréquentes que les contrats à durée déterminée.

Les femmes exercent plus souvent que leurs collègues masculins des professions peu qualifiées, ce qui induit pour elles une mobilité plus forte. Cependant, ces effets de structure n'expliquent pas tout. A catégorie socioprofessionnelle identique, sauf pour les ouvriers non qualifiés, les taux d'embauche sur contrat à durée déterminée sont supérieurs pour les femmes. En revanche, leurs taux d'embauche ferme sont voisins de ceux des hommes. L'écart entre hommes et femmes, pour les entrées sur contrat à durée déterminée, se retrouve naturellement au moment de la fin des contrats.

Durée moyenne des contrats à durée déterminée

(en mois)

Activité économique	1989	1990	1992
Industrie	3,0	3,2	3,1
Bâtiment, génie civil et agricole	3,7	3,1	3,6
Tertiaire	2,3	2,2	2,3
Ensemble	**2,6**	**2,6**	**2,6**

Taux d'entrée et de sortie des hommes et des femmes

Taux pour 100 salarié(e)s présent(e)s en début d'année

En 1990	Hommes	Femmes	Ensemble
Taux de rotation	27,9	38,9	32,0
Taux d'entrée	27,9	39,4	32,2
dont : contrat à durée déterminée	16,7	28,4	21,1
contrat à durée indéterminée	8,8	8,6	8,8
Taux de sortie	27,8	38,5	31,8
dont : fin de contrat à durée déterminée	11,8	22,8	15,9
démissions	7,7	8,4	8,0
licenciements	2,8	2,4	2,7

En 1992	Hommes	Femmes	Ensemble
Taux de rotation	23,8	36,7	28,7
Taux d'entrée	22,5	36,2	27,7
dont : contrat à durée déterminée	13,9	26,8	18,8
contrat à durée indéterminée	6,5	7,0	6,7
Taux de sortie	25,1	37,3	29,7
dont : fin de contrat à durée déterminée	11,1	23,1	15,7
démissions	4,7	6,4	5,4
licenciements	4,0	3,1	3,7

(Source : DMMO, ministère du Travail – INSEE).

Structure des emplois et des entrées et sorties par âge en 1990 et 1992

(en %)	en 1990				
	Moins de 25 ans	**25 à 49 ans**	**50 à 59 ans**	**60 ans**	**Ensemble**
Structure des effectifs présents en janvier 1990 (1)	13,9	70,9	13,3	1,9	100,0
Structure des entrées	48,3	48,0	3,4	0,3	100,0
dont:					
contrat à durée déterminée	57,2	40,0	2,6	0,3	100,0
contrat à durée indéterminée	33,6	62,2	3,9	0,3	100,0
Structure des sorties	41,6	49,1	6,8	2,5	100,0
dont:					
fins de contrat à durée déterminée	58,6	38,2	2,8	0,3	100,0
démissions	30,7	65,1	3,6	0,5	100,0
licenciements (économiques + autres)	11,1	60,4	26,5	2,0	100,0
Part des contrats à durée déterminée dans les embauches	77,5	54,4	49,0	58,4	65,3

(en %)	en 1992				
	Moins de 25 ans	**25 à 49 ans**	**50 à 59 ans**	**60 ans**	**Ensemble**
Structure des effectifs présents en janvier 1990 (1)	13,9	70,9	13,3	1,9	100,0
Structure des entrées	46,9	49,1	3,7	0,4	100,0
dont:					
contrat à durée déterminée	55,4	41,5	2,8	0,3	100,0
contrat à durée indéterminée	31,8	63,6	4,3	0,4	100,0
Structure des sorties	39,6	49,4	8,0	3,0	100,0
dont:					
fins de contrat à durée déterminée	56,3	40,3	2,9	0,4	100,0
démissions	31,2	64,2	3,9	0,7	100,0
licenciements (économiques + autres)	9,9	62,2	26,0	1,9	100,0
Part des contrats à durée déterminée dans les embauches	79,9	57,1	50,7	61,1	67,5

(1) Structure des effectifs dans l'ensemble des établissements du secteur privé et public concurrentiel, quelle qu'en soit la taille, d'après l'enquête emploi de l'INSEE.

(Source: DMMO, ministère du Travail – INSEE).

Structure des emplois et des entrées et sorties selon la catégorie socioprofessionnelle

(en %)

	Cadres supérieurs/chefs d'entreprise	Professions intermédiaires	Employés
Structure des effectifs présents au 31 décembre 1989 (1)	12,4	21,4	21,3
Structure des entrées en 1990	6,7	12,5	34,0
dont : contrat à durée déterminée	2,0	7,3	38,0
contrat à durée indéterminée	14,2	22,3	27,9
Structure des sorties en 1990	6,6	12,8	33,2
dont : fins de contrat à durée déterminée	2,0	7,2	40,8
démissions	8,6	18,5	27,6
licenciements (économiques ou autres)	11,1	17,4	21,2
Part des contrats à durée déterminée dans les entrées en 1990			
Ensemble	19,3	38,1	72,9
Hommes	15,6	30,8	67,2
Femmes	31,0	47,2	75,6

	Ouvriers qualifiés	Ouvriers non qualifiés	Ensemble
Structure des effectifs présents au 31 décembre 1989 (1)	29,6	15,3	100
Structure des entrées en 1990	16,7	30,1	100
dont : contrat à durée déterminée	15,2	37,5	100
contrat à durée indéterminée	19,8	15,7	100
Structure des sorties en 1990	17,7	29,6	100
dont : fins de contrat à durée déterminée	12,4	37,6	100
démissions	22,3	23,0	100
licenciements (économiques ou autres)	28,5	21,7	100
Part des contrats à durée déterminée dans les entrées en 1990			
Ensemble	59,6	81,4	65,3
Hommes	57,2	81,5	59,7
Femmes	75,0	81,1	71,9

(1) Structure des effectifs dans les établissements de 50 salariés ou plus, du secteur privé et public concurrentiel, d'après l'enquête structure des emplois.

(Source : DMMO, ministère du Travail – INSEE).

NOTES DU CHAPITRE III

(1) Source : *Économie et Statistique*, nº 183, décembre 1985, «Les traits majeurs du chômage depuis 20 ans», par Claude Thélot.

(2) Source : *Économie et Statistique*, nº 178, juin 1985, «1983-1984 : des changements dans la nature des embauches», par Daniel Depardieu et Marie-Claire Laulhé.

(3) Source : *Économie et Statistique*, nº 193/194, novembre-décembre 1986, «Nouvelle progression des CDD en 1985», par Patrick Corbel, Jean-Claude Guergoat et Marie-Claire Laulhé.

(4) Source : *Économie et Statistique*, nº 215, novembre 1988, «Les formes traditionnelles d'emploi salarié déclinent», par Michel Cézard et Jean-Luc Heller.

(5) Source : *Économie et Statistique*, nº 249, décembre 1991, «Depuis 1985, les mouvements de main-d'œuvre s'accélèrent», par Elisabeth Le Goff et Alain Le Pluart.

(6) Source : *INSEE Première*, nº 165, septembre 1991, «Tassement des recrutements à durée déterminée», par Marie-Claire Laulhé et Elizabeth Le Goff.

Chapitre IV

Gestion de la main-d'œuvre et travail à durée limitée

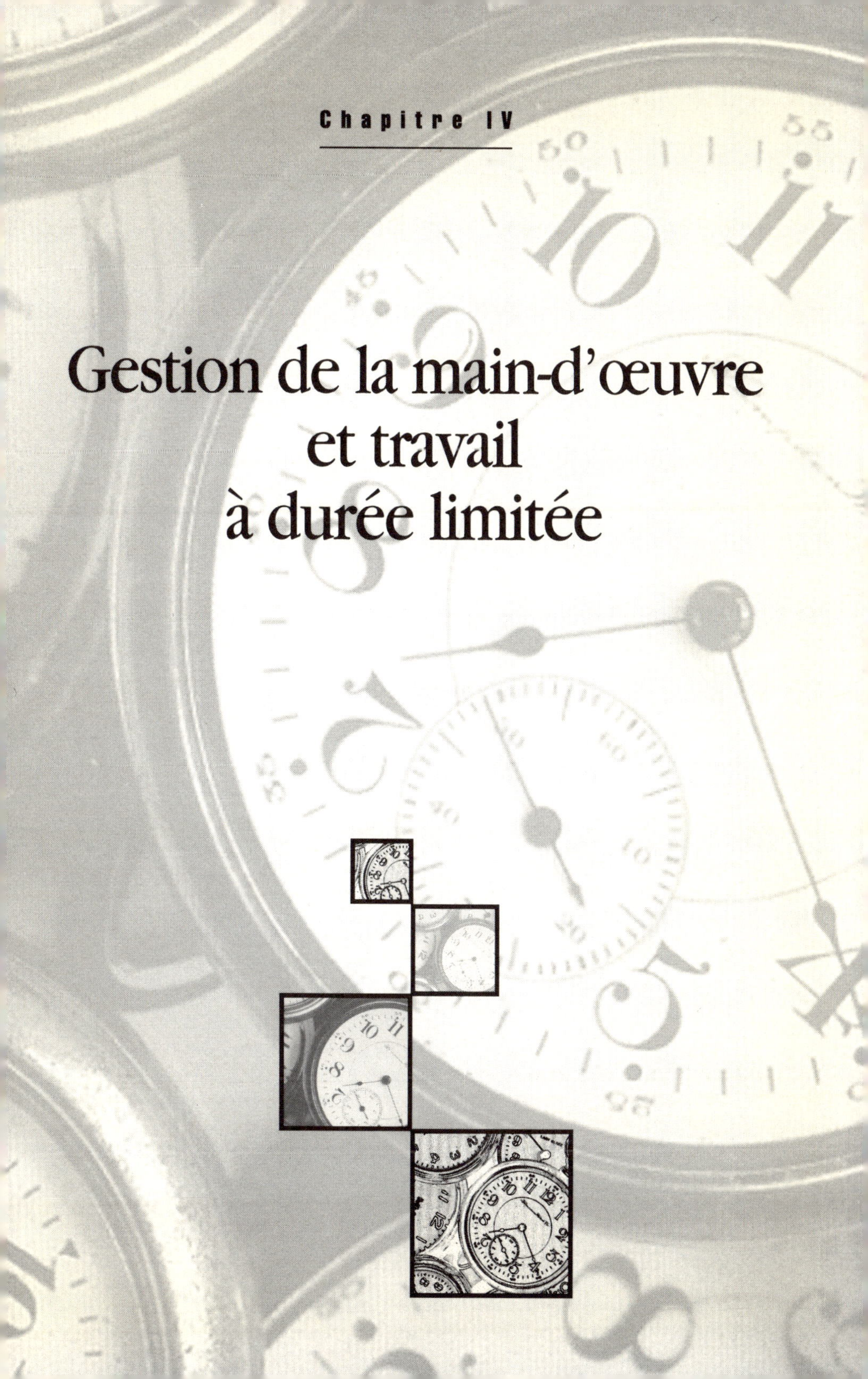

Qui emploie les travailleurs précaires, et pour quelles raisons? Question essentielle, qui permet de remonter aux origines de l'extension des formes particulières d'emploi, et à laquelle les sources statistiques, dans la mesure où elles renseignent sur le secteur d'activité et la taille des entreprises qui y recourent, apportent d'intéressants éléments de réponse.

De même qu'ils ne concernent pas uniformément tous les actifs, mais plutôt des groupes aux profils spécifiques, de même les emplois précaires ne sont pas utilisés indifféremment par tous les employeurs. Le secteur tertiaire apparaît ainsi comme la terre d'élection du CDD, tandis que c'est plutôt l'industrie qui recourt à l'intérim; le premier est plus fréquent dans les petites entreprises, le second dans les moyennes ou grandes. Caractéristiques des salariés et traits spécifiques des employeurs constituent ainsi les deux faces d'une même réalité: l'emploi précaire est assez précisément situé, parmi les actifs comme dans le système productif, même s'il tend à se diffuser avec le temps.

A nouveau, la réalité est plus complexe que ne le laisse penser ce résumé trop rapide: les études menées à partir de l'observation des trajets individuels ou des mouvements de main-d'œuvre opérés par les entreprises distinguent bien plus finement entre secteurs. Le tertiaire apparaît néanmoins comme la plaque tournante d'un «nouveau schéma de mobilité» qui prend forme au cours de la décennie 80, y compris pour la nébuleuse des «petits boulots».

L'observation des modalités d'ajustement de l'emploi aux fluctuations de l'activité économique apporte un utile complément à cette première approche: elle confirme que les emplois courts sont devenus, pour les entreprises, le moyen privilégié d'adaptation du volume de leurs effectifs à la conjoncture, et la période sous revue offre l'occasion de vérifier «en grandeur nature» que la liaison joue dans les deux sens: repli des emplois précaires quand l'activité se retourne (1982, 1990/1991), recours accru quand elle redémarre (1985/1986). Les résultats les plus récents précisent l'analyse sur ce point: CDD et intérim sont les premiers touchés quand le repli de l'activité s'amorce «protégeant» ainsi provisoirement les emplois plus stables; ils montrent toutefois qu'un volume important d'emplois courts subsiste même au creux de la récession: la gestion flexible de la main-d'œuvre n'est pas – ou n'est plus – liée à la seule croissance de l'activité, mais semble avoir acquis un caractère structurel qui la rend, pour partie, insensible aux cycles conjoncturels. Paradoxalement, il y aurait ainsi désormais un «noyau dur» de l'emploi précaire...

Trois raisons principales

Vue du côté de la demande de travail, la montée en puissance des contrats courts aurait au total, selon les textes qui suivent, trois sources principales:

– le souci des employeurs d'adapter au plus près leurs effectifs au rythme de l'activité: à production fluctuante, emplois flexibles;

– le mouvement général de transfert de fonctions connexes à l'activité principale, traditionnellement assumées par l'entreprise, et désormais le plus souvent confiées à des prestataires spécialisés, situés dans le tertiaire mobile (conseil, commercialisation, gestion, sécurité, entretien...). «Externalisation», «tertiairisation» et «précarisation» iraient ainsi de pair;

– l'incertitude croissante quant aux compétences attendues des salariés, induite par les transformations de l'organisation du travail, qui conduirait les employeurs à tester les nouvelles recrues dans le «sas» du CDD ou (moins souvent) de la mission d'intérim, avant de les embaucher ferme si l'essai (en principe nullement admis sous cette forme par le code du travail) s'avère concluant (1).

Le mouvement de précarisation des emplois participe de la recherche, par les entreprises, d'une réduction des coûts salariaux, soit par la flexibilité d'une main-d'œuvre ainsi mieux adaptée au rythme de production, soit par la différenciation des statuts qui permet des rémunérations moins élevées (notamment du fait de la non-prise en compte de l'ancienneté), des avantages sociaux plus réduits, des conditions de travail moins favorables.

De tels effets peuvent aussi être obtenus par le développement des formes particulières d'emploi, c'est-à-dire des emplois qui ne sont pas à temps complet, ni à durée indéterminée, ou qui impliquent l'exercice du contrat dans une autre entreprise. On y trouve par exemple le travail saisonnier, mais celui-ci est par nature difficilement mesurable. A titre indicatif, cependant, 85000 salariés exerçaient une activité saisonnière à l'enquête emploi de l'INSEE de mars 1981 (dont 59 % de femmes) et 138000 en octobre 1980 (dont 61 % de femmes).

Certaines formes d'emploi sont caractéristiques du processus d'extériorisation des emplois qui se traduit par une différenciation du statut des travailleurs. Les formes que prend ce dernier processus sont anciennes: travail à domicile, sous-traitance. L'impact de la sous-traitance sur le travail des femmes ne peut être analysé faute de sources statistiques satisfaisantes. On peut cependant lui supposer un certain développement étant donné sa concentration dans les petits établissements dont le nombre a progressé, et qui demeurent créateurs d'emplois. L'effectif des travailleurs à domicile est alors modeste et ne fait que décroître (46000 en mars 1975 et 33000 en mars 1981 selon les enquêtes emploi, dont 93 % de femmes, pour la plupart ouvrières). Mais il va connaître un essor plus tard, dans le cadre du développement de l'extériorisation de l'emploi; par exemple, certaines applications de la télématique peuvent permettre d'étendre le champ des activités susceptibles d'être exercées à domicile (2).

L'intérim: une forme d'insertion

A contrario, et dès le milieu de la décennie 80, l'intérim constitue déjà en soi une forme d'insertion: bon an mal an, trois quarts des intérimaires ont toujours un emploi l'année suivante. Mais l'accès à un emploi stable diminue régulièrement: 25 % en 1993 contre 33 % en 1988 et 49 % en 1985. Parallèlement, on reste de plus en plus longtemps dans l'intérim. C'est une majorité des intérimaires ayant un emploi l'année suivante qui reste en intérim ou n'a qu'un contrat à durée déterminée. Les intérimaires restent fortement exposés au risque de chômage: un sur cinq est au chômage l'année suivante, ce qui témoigne de passages fréquents de l'une à l'autre situation.

Intérim et contrat à durée déterminée un an après

(en %)

Intérim en... Situation en...	mars 1984 mars 1985	mars 1985 mars 1986	mars 1986 mars 1987
Actif occupé	75	69	70
dont : – intérim	20	23	25
– CDD	5	10	9
– emploi stable (1)	49	35	34
Au chômage	19	22	22
En inactivité	6	9	8
Ensemble	**100**	**100**	**100**

Intérim en... Situation en...	mars 1987 mars 1988	mars 1988 mars 1989	mars 1992 mars 1993
Actif occupé	76	77	65
dont : – intérim	30	33	24
– CDD	10	11	10
– emploi stable (1)	33	30	25
Au chômage	19	18	29
En inactivité	5	5	6
Ensemble	**100**	**100**	**100**

Intérim et contrat à durée déterminée un an après

Contrat à durée déterminée en... Situation en...	**mars 1984 mars 1985**	**mars 1985 mars 1986**	**mars 1986 mars 1987**
Actif occupé	71	76	75
dont : – CDD	14	21	20
– intérim	2	2	2
– emploi stable (1)	51	49	49
Au chômage	22	15	18
En inactivité	7	9	7
Ensemble	**100**	**100**	**100**

Contrat à durée déterminée en... Situation en...	**mars 1987 mars 1988**	**mars 1988 mars 1989**	**mars 1992 mars 1993**
Actif occupé	73	73	69
dont : – CDD	18	23	27
– intérim	2	2	2
– emploi stable (1)	48	42	34
Au chômage	18	21	24
En inactivité	9	6	7
Ensemble	**100**	**100**	**100**

(1) Emploi à durée non limitée dans le secteur privé ou le secteur public, y compris collectivités territoriales, hors stagiaires.

(Source: enquêtes emploi INSEE).

Le devenir des salariés sous contrat à durée déterminée – CDD – est notablement différent: la moitié d'entre eux a un emploi stable l'année suivante. La proportion ne change guère depuis quatre ans. Le CDD est donc un mode d'insertion qui diffuse largement et dont les débouchés vers des emplois stables restent élevés. C'est une forme de plus en plus fréquente de période d'essai. Le risque de chômage reste cependant important, du même ordre que pour l'intérim (3).

Les secteurs à turnover élevé

Dans le secteur du bâtiment, la forte progression des besoins de main-d'œuvre a entraîné, en 1985, une augmentation des différentes formes d'embauche: embauches fermes, contrats à durée déterminée mais aussi intérim. Dans l'industrie et le tertiaire, intérim et contrats à durée déterminée progressent mais de manière indépendante. L'intérim est surtout utilisé dans l'industrie, et particulièrement dans les établissements de moyenne et grande taille (200 à 500 salariés). Le recours aux contrats à durée déterminée est à la fois plus fréquent dans le tertiaire et dans les petits établissements, mais aussi plus diffusé dans l'ensemble des secteurs.

Dans l'industrie, on trouve parmi les secteurs qui font le plus appel à l'intérim ceux qui utilisent de façon relativement importante les contrats à durée déterminée comme les industries pharmaceutiques ou le caoutchouc, mais d'autres aussi qui y ont moins recours (chimie de base, industrie du verre, industrie des métaux non ferreux).

En 1985, 34,7 % des établissements du secteur du bâtiment ont fait appel aux services des agences d'intérim contre 26,8 % en 1984. La progression est également nette dans l'industrie, notamment dans les secteurs qui ont le plus souvent recours à cette forme d'emploi : industries de biens d'équipement et industries de biens intermédiaires. Dans ces deux secteurs, la part des établissements qui déclarent employer des intérimaires est passée respectivement de 43,7 % en 1984 à 46,6 % en 1985 et de 36,7 % à 40,3 %.

Le nombre d'intérimaires a progressé en 1985 de 11,5 %, surtout dans le bâtiment (+ 57 % en un an) et les industries de biens intermédiaires (+ 33 % en un an). Cette tendance est confirmée par ailleurs par les résultats de l'enquête emploi de l'INSEE (4).

Entre 1985 et 1990, l'industrie a perdu des emplois, mais l'amplification des mouvements de main-d'œuvre de 1985 à 1989 a accompagné l'amélioration progressive de l'emploi, surtout en 1988 et 1989 (+ 0,2 %). En 1990, le retournement de conjoncture a été le plus marqué dans ce secteur et les effectifs ont diminué du fait de la chute des recrutements sur contrats à durée déterminée.

Dans le secteur du bâtiment, génie civil et agricole, la mobilité des effectifs a moins progressé que dans les autres secteurs. En outre, celle-ci dépend peu de la taille des établissements : quelle qu'elle soit, les taux d'embauche ferme sont supérieurs à ceux des autres secteurs, et avoisinent ceux des recrutements à durée déterminée. L'écart entre ces deux types d'embauche s'est amenuisé de 1988 à 1990, les recrutements fermes continuant de progresser tandis que les contrats à durée déterminée régressaient. La forte croissance de l'activité dans ce secteur de 1985 à 1989 s'est traduite en 1988 par une accélération des embauches, tant fermes qu'à durée limitée, et ce secteur est devenu créateur d'emplois. Le ralentissement de la production en 1990 n'a eu d'effet sur l'emploi qu'à partir de 1991 avec un tassement des recrutements (5).

Des facteurs d'ajustement immédiat

En somme, les formes particulières d'emploi (essentiellement contrats à durée déterminée et intérim) ont constitué le facteur d'ajustement le plus immédiat des entreprises aux retournements conjoncturels, tant lors de la croissance retrouvée des années 1988/1990 que, plus récemment, avec le retour des réductions d'effectifs. D'autres voies ont été empruntées par les chefs d'entreprise pour ajuster le volume d'activité de leur main-d'œuvre: diminution de la durée du travail par exemple, avec notamment une réduction des heures supplémentaires et un recours accru au chômage partiel depuis l'été 1990.

La reprise de l'emploi industriel de 1989 est précédée, puis accompagnée d'un recours de plus en plus intense au travail temporaire. Si on réintègre les travailleurs intérimaires employés dans les secteurs industriels, la main-d'œuvre utilisée s'est même accrue de quelques milliers en 1988 et de près de 80000 en 1989 (contre + 50000 hors intérim). Ce sont surtout les industries de biens intermédiaires et de biens d'équipement qui ont recours à ce type d'emploi. En revanche, même en réintégrant les intérimaires, l'emploi augmente très peu dans les industries de biens de consommation.

En augmentation continue depuis 1985, l'emploi salarié dans le bâtiment, génie civil et agricole est particulièrement dynamique de 1988 à 1990 (+ 35000 en 1988, + 20000 en 1989, + 15000 en 1990). Cette reprise de l'emploi a accompagné celle de la production depuis 1985, et s'est doublée d'un recours accru aux formes particulières d'emploi. De 1986 à 1989, ce secteur a été un grand utilisateur de stagiaires: les stages d'initiation à la vie professionnelle (SIVP) y représentaient 1,2 % des emplois à la mi-1987, pour seulement 0,9 % dans l'ensemble des secteurs marchands non agricoles. De même, le travail intérimaire connaît une croissance plus vive encore que dans l'industrie jusqu'en 1990, puis se stabilise jusqu'à la mi-1991 à un niveau élevé (4,4 % des emplois salariés). Ainsi, les entrepreneurs du bâtiment privilégient-ils le recours à l'intérim, au détriment de l'embauche sur contrats à durée déterminée, qui diminue depuis 1989.

En 1990, l'activité du bâtiment se ralentit, mais les embauches persistent. Aussi les gains de productivité s'amenuisent-ils rapidement, conduisant selon le cycle conjoncturel classique à des réductions d'effectifs au deuxième trimestre de 1991. Néanmoins, l'emploi sur contrat à durée indéterminée se maintient (+ 5000 au premier semestre 1991, contre 6000 suppressions de contrats à durée déterminée) (6).

NOTES DU CHAPITRE IV

(1) Source: *Texte rédigé par le comité éditorial.*

(2) Source: *Économie et Statistique*, nº 145, juin 1982, «La progression de l'activité féminine est-elle irréversible?», par Maryse Huet.

(3) Source: *Économie et Statistique*, nº 215, novembre 1988, «Les formes traditionnelles d'emploi salarié déclinent», par Michel Cézard et Jean-Luc Heller.

(4) Source: *Économie et Statistique*, nº 193/194, novembre-décembre 1986, «Nouvelle progression des CDD en 1985», par Patrick Corbel, Jean-Claude Guergoat et Marie-Claire Laulhé.

(5) Source: *Économie et Statistique*, nº 249, décembre 1991, «Depuis 1985, les mouvements de main-d'œuvre s'accélèrent», par Elisabeth Le Goff et Alain Le Pluart.

(6) Source: *Économie et Statistique*, nº 249, décembre 1991, «1988-1990: 700000 créations d'emplois, 300000 chômeurs en moins», par Sylvie Dumartin et Olivier Marchand.

Chapitre V

Le recours au CDD et à l'intérim : quelques cas concrets

Si le schéma intérim pour besoins urgents, irréguliers et courts et CDD pour besoins prévus, réguliers et plus longs est encore souvent valide, il doit être largement complété en ce qui concerne l'intérim; celui-ci est aussi grandement utilisé en cas de besoins prévus, réguliers et de longue durée. On constate l'émergence d'une nouvelle logique d'utilisation de l'emploi temporaire; celui-ci devient un instrument au service des politiques de renouvellement du personnel: certains établissements, lorsqu'ils sont confrontés à une baisse d'activité, diminuent leur effectif de CDI par des mesures d'âge et assurent les phases de reprise par de l'emploi temporaire confié à des jeunes beaucoup plus qualifiés, quitte à en embaucher quelques-uns sur CDI à terme. Il y a aussi des solutions alternatives à l'utilisation de l'emploi temporaire pour faire face à des besoins de flexibilité: heures supplémentaires, modulation de la durée du travail, travail intermittent, chômage partiel, stages et emplois aidés, niveau des effectifs en CDI. Les limites à leur substitution apparaissent importantes au regard, notamment, de la temporalité même des variations de l'activité et des besoins en main-d'œuvre. En sus de ces conditions de substitution et d'ajustement avec les autres instruments, le recours à l'emploi temporaire est contraint par une série de facteurs.

Taux de salariés sous contrat temporaire

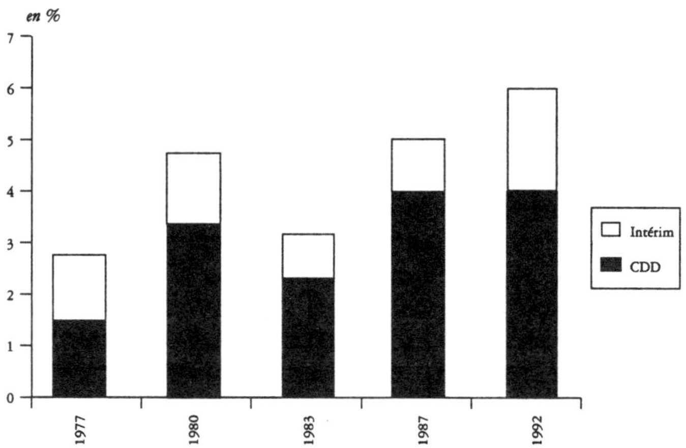

Source : Enquêtes Acemo

Le facteur financier englobe à la fois les économies escomptées (réduction des frais de rémunération d'une main-d'œuvre sous utililisée dans l'entreprise, économie sur le salaire horaire dans la mesure où les salariés temporaires ne bénéficient pas de mesures liées à l'ancienneté...) et les coûts associés à l'usage des CDD (indemnité de fin de contrat, coût de recrutement...) ou de l'intérim (indemnité de fin de mission, rémunération des ETT...).

Le facteur des motivations temporelles renvoie aux conditions d'ajustement dans le temps, entre main-d'œuvre désirée et main-d'œuvre effectivement mobilisée dans l'entreprise, et à la temporalité des besoins en main-d'œuvre temporaire (prévus ou non, réguliers ou non, longs ou courts...).

Celui sur la supervision de la main-d'œuvre désigne les effets de l'utilisation de l'emploi temporaire sur l'effort productif de la main-d'œuvre et sur le climat social.

En systématisant l'étude des différents usages de l'emploi temporaire, quatre logiques d'utilisation peuvent ensuite être distinguées :

– celle de l'ajustement quantitatif est à la fois la logique dominante et la seule qui soit explicitement évoquée par la loi. Celle-ci autorise trois grands motifs de recours : pour «accroissement inhabituel de l'activité», pour «travaux temporaires par nature» et pour «remplacement d'un salarié» ;

– celle de l'externalisation tend à privilégier le recours à l'intérim. Dans sa variante la plus extrême, elle peut traduire la décision d'écarter certains salariés du marché interne de l'entreprise. De façon plus atténuée, elle agit aussi lorsque la préférence pour l'intérim correspond au souci d'éviter des pressions à l'embauche sur CDI ou, plus simplement, à la volonté du service du personnel de se décharger de la gestion administrative des contrats temporaires ;

– celle de l'incitation renvoie à l'utilisation de l'emploi temporaire comme mécanisme de stimulation dans au moins deux domaines : l'effort productif des salariés (celui des salariés temporaires est ainsi aiguisé lorsque des possibilités d'embauche sur CDI existent ou lorsqu'ils peuvent espérer, en cas d'utilisation régulière, un renouvellement ultérieur de leur contrat) et l'occupation de postes de travail, ou de plages horaires, que les entreprises ont du mal à confier à leurs salariés permanents ;

– celle de la sélection de la main-d'œuvre par l'emploi temporaire, en vue d'un CDI, est maintenant bien connue. La généralisation de cette forme de prérecrutement contribue évidemment à accroître le décalage temporel entre la reprise de l'activité économique et celle de l'emploi typique sur CDI. Ce n'est en effet parfois qu'aux termes des possibilités offertes par la loi que certaines entreprises augmentent leur effectif permanent si la conjoncture ne s'est pas retournée entretemps.

24 établissements enquêtés en 1992

A la suite d'une enquête menée à la mi-92 auprès d'un échantillon de 24 établissements, les spécificités du CDD et de l'intérim sont mises en évidence. L'intérim répond ainsi à un besoin urgent, irrégulier et de courte durée. Tandis que le CDD répond à un besoin prévu et de longue durée.

La validité de ce schéma a pu être vérifiée au cours des enquêtes. Le cas le plus typique concerne les entreprises dont l'activité est reconnue comme saisonnière. Le besoin est alors prévu, régulier, souvent supérieur à un mois et le CDD est d'autant plus privilégié que la loi dispense, dans ce cas, du versement de l'indemnité de fin de contrat.

Les résultats de l'étude invitent toutefois à compléter sensiblement ce schéma traditionnel, pour ce qui concerne l'intérim, dans la mesure où celui-ci est aussi mobilisé en cas de besoin prévu, régulier et de longue durée.

Les données statistiques, indiquant que l'écrasante majorité des missions sont d'une durée inférieure à un mois, doivent être interprétées avec précautions, car elles ne précisent pas comment se répartit le volume global du travail intérimaire réalisé au cours d'une année, étant entendu qu'à ce niveau, une mission inférieure à une semaine ne pèse évidemment pas autant qu'une mission supérieure à trois mois.

Les «économies d'échelle», par lesquelles les entreprises utilisatrices parviennent à obtenir une baisse du coût de l'intérim – semblable à celle qui est traditionnellement observée pour le CDD – dès lors que le volume (et/ou la longueur) des missions est important, contribuent à expliquer ces possibilités d'utilisation.

La politique de «partenariat», prônée par les entreprises de travail temporaire (ETT) ces dernières années, a eu à ce niveau des effets souvent inverses de ceux initialement recherchés.

Loin de relâcher le caractère purement marchand de la relation intérimaire et la concurrence exacerbée entre les ETT, particulièrement vive dans les phases de contraction de l'activité, elle a, en fait, souvent permis aux entreprises utilisatrices d'accroître leur capacité de négociation, la fidélité et la garantie d'un certain volume de contrats n'étant accordées qu'en contrepartie de concessions des ETT autour des «coefficients».

La flexibilité : les conditions d'utilisation

Les conditions d'utilisation des instruments de flexibilité (heures supplémentaires, modulation d'horaires, travail intermittent, chômage partiel...) sont apparues étroitement dépendantes de la nature même des variations de l'activité et des besoins en main-d'œuvre, et plus précisément de trois dimensions :

– la durée du besoin : celle-ci peut être de quelques heures ou, au contraire, assez longue ;

– le caractère prévu ou, au contraire, aléatoire de ce besoin, l'aléa pouvant concerner le début du besoin (le degré d'urgence) ou son terme ;

– l'ampleur du besoin, comparée au volume de travail habituellemnt mobilisé dans l'établissement (l'action sur les horaires de travail, quelle qu'en soit la forme, ne peut ainsi s'opérer au-delà de certaines limites).

Les heures supplémentaires peuvent aisément être mobilisées sur le champ et restent l'outil traditionnel d'ajustement privilégié dans la plupart des établissements étudiés, pour les besoins urgents, de courte durée et de faible ampleur. Au-delà d'un certain volume hebdomadaire et annuel, elles ne peuvent, par contre, être utilisées.

Leur usage, et cela s'applique en fait tout autant à la modulation, peut cependant se révéler plus difficile dans les établissements qui travaillent en équipes, à la fois pour des raisons techniques (problèmes de chevauchement sur les postes, surtout lorsque les équipes sont en continu) et sociales (difficultés d'étendre le temps de travail sur des plages horaires déjà atypiques, en particulier lorsque le personnel est féminin).

Les diverses formules de modulation de la durée du travail peuvent permettre aux établissements de réduire les coûts de sous-utilisation de la main-d'œuvre et les frais associés à la rémunération des heures supplémentaires. Elles ne peuvent toutefois être utilisées sur le champ, puisqu'elles sont soumises à l'existence d'un appareillage conventionnel préalable. La mise en œuvre de la modulation suppose enfin et surtout que l'alternance des périodes de sous-activité et de suractivité n'excède pas une certaine amplitude.

Le travail intermittent qui, selon les termes de la loi, vise à pourvoir des « emplois permanents qui, par nature, comportent une alternance de périodes travaillées et de périodes non travaillées », n'est utilisé que dans certains cas bien précis. A l'instar de la modulation, les variations de l'activité doivent avoir une certaine régularité et une certaine ampleur, afin d'assurer une garantie de travail pour le salarié. Deux éléments limitent de plus fortement son usage: il est soumis à l'existence d'un accord collectif et il engage fortement l'entreprise sur le long terme, puisque son support est un CDI.

Le chômage partiel n'a été appliqué que par quelques établissements au sein de l'échantillon et dans des situations bien spécifiques. Dans la plupart des cas (des cas de recours «sur le champ» existent toutefois: sinistre ou blocage imprévu des approvisionnements) son utilisation doit être relativement anticipée (le dispositif ne peut être mobilisé d'une heure à l'autre) et répondre à une baisse du besoin en main-d'œuvre doublement bornée: elle doit excéder un certain volume (la menace de sous-activité doit concerner plusieurs salariés et pour plusieurs heures), sans pour autant dépasser les limites au-delà desquelles l'entreprise peut juger qu'il convient de procéder à une réduction d'effectif. Malgré la prise en charge croissante de ce dispositif par l'État, celui-ci reste surtout perçu comme assez coûteux par les entreprises, la charge d'une partie de l'indemnité ainsi que les frais financiers associés aux délais de remboursement par l'État étant souvent mentionnés ici.

Les diverses formules de stages et d'emplois aidés, qu'elles s'exercent dans le cadre de CDD (contrats emploi-solidarité, d'apprentissage, d'adaptation...) ou non (certains contrats de retour à l'emploi et d'adaptation), ont l'avantage d'être moins onéreuses que les emplois temporaires, mais les possibilités de substitution avec ces derniers sont apparues doublement limitées: ces mesures ne peuvent concerner que certains publics et/ou utilisateurs (le secteur public et associatif pour les contrats emploi-solidarité) et ne peuvent être utilisées que pour des besoins assez longs (plus d'un mois dans tous les cas) et suffisamment anticipés. Les seuls cas de substitution apparents et fréquents ont porté sur le pré-recrutement.

Concernant l'action sur le niveau des effectifs embauchés sur CDI (embauche, licenciement, préretraite...), on s'est interrogé sur le sens de la banalisation en cours du licenciement. Exprime-t-il une tendance à l'utilisation «courante» du CDI, y compris pour gérer les fluctuations conjoncturelles? Dans ce cas les procédures d'embauche et de licenciement tendraient à se substituter à l'emploi temporaire. Exprime-t-elle, au contraire, la généralisation des pratiques de fixation du niveau de l'emploi sur CDI à l'étiage des besoins en main-d'œuvre? Dans ce cas, le recours à l'emploi temporaire serait encouragé comme instrument privilégié de gestion des surcroîts au-delà des minima.

Les «coûts» de licenciement de CDI

Les résultats de l'étude indiquent plutôt la prédominance du second scénario : l'action sur le niveau des effectifs de CDI nous a toujours été présentée comme une procédure lourde, qui engage l'établissement sur le long terme ; elle n'est à aucun moment apparue comme une solution «alternative» au recours à l'emploi temporaire. Le souci d'éviter les coûts de licenciement éventuel de CDI a même été l'un des arguments les plus fréquemment évoqués pour justifier ce dernier. La crainte de devoir verser des indemnités de licenciement n'est pas seule en cause ici, même si le caractère contraignant des règles légales, à ce sujet, a été fréquemment surestimé. D'autres coûts sont mis en avant :

– ceux associés à la perte de crédibilité (pour les clients, les fournisseurs et les financiers de l'entreprise), qui demeurent redoutés même si l'on note que leur portée a, semble-t-il, été largement redéfinie dans la dernière période, les licenciements exprimant aussi, dans une optique de rentabilité financière (mais dès lors que la procédure est achevée), la capacité de l'entreprise à opérer rapidement les restructurations jugées nécessaires ;

– ceux entraînés par le respect des procédures de préavis (délai légal d'un mois lorsque le salarié a plus de six mois d'ancienneté et de deux mois à partir de deux ans) qui limitent les possibilités d'usage du CDI pour un besoin temporaire de main-d'œuvre, en particulier si le terme du besoin est incertain ;

– ceux associés au respect de certaines règles (entretien préalable notamment) qui conduisent souvent à allonger le temps de la procédure et qui sont plus contraignantes lorsqu'il s'agit d'un licenciement collectif (l'employeur n'est pas alors tenu de réaliser des entretiens mais doit, par contre, consulter les institutions représentatives du personnel) ;

– ceux provoqués par la détérioration du climat social.

Parmi les emplois temporaires, l'intérim apparaît clairement comme l'instrument qui, au regard de la temporalité du besoin, possède la plus grande polyvalence : il peut être mobilisé pour répondre à un besoin en main-d'œuvre, massif ou non, aléatoire ou non, assez court ou au contraire assez long. Les limites à son utilisation concernent donc, pour l'essentiel, d'autres dimensions et notamment son coût d'utilisation.

Principaux déterminants du recours à l'emploi temporaire

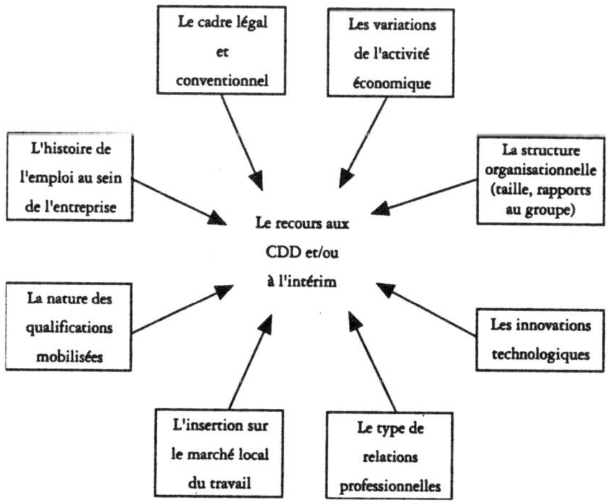

La mémoire d'entreprise

La fixation par les établissements des normes de recours aux différentes formes de l'emploi dépend aussi de l'histoire de l'emploi en leur sein. Au cœur de notre échantillon, deux cas de figures, qui ne sont pas sans conséquence sur la transformation des normes de l'emploi comme nous le verrons ensuite, méritent d'être évoqués :

– les établissements qui, au cours des quinze dernières années, ont connu d'importantes restructurations et ont fortement réduit leur effectif permanent. Dans les phases de reprise de l'activité et d'augmentation des besoins en main-d'œuvre, le recours à l'emploi temporaire tend à s'imposer comme une évidence, la situation atypique consistant à augmenter le volume des salariés permanents ;

– des établissements situés, du point de vue de l'histoire de l'emploi, aux antipodes des précédents, et qui pourtant font preuve d'une prudence semblable en matière de fixation du volume de CDI. Il s'agit d'établissements récents, qui gèrent, depuis leur création, une croissance continue de leur activité et de leurs besoins en main-d'œuvre par un recours important aux salariés temporaires et par une hausse extrêmement parcimonieuse de leur effectif sur CDI. Leur objectif est tout à la fois de se prémunir contre tout retournement de la conjoncture et de ne pas «tomber», à moyen terme, dans le premier cas de figure.

Dans les deux cas c'est souvent l'intérim qui est privilégié, dans la mesure notamment où il réduit, selon une logique d'externalisation, les risques de remise en cause par les organisations syndicales.

La logique de soutien aux politiques de renouvellement de la main-d'œuvre intervient aussi fortement. L'ambivalence de la gestion prévisionnelle, dont le volet prospectif sur les gains de productivité légitime fréquemment le recours massif à l'emploi temporaire, doit être ici mentionnée. En tenant compte de ces gains, les établissements peuvent en effet redouter que le recrutement sur CDI ne se solde, à moyen terme, par l'apparition de sureffectif et tout au moins par une situation de blocage empêchant alors toute possibilité de recrutement et donc de renouvellement de la main-d'œuvre. Ce dernier point est d'importance parmi les établissements qui envisagent d'augmenter leur effectif permanent sur la longue durée: le recours à l'emploi temporaire leur permet d'étaler dans le temps le recrutement de CDI et garantit ainsi une certaine fluidité de l'apport en main-d'œuvre.

Une confirmation des données statistiques

Sur ce point les résultats de l'enquête confirment les indications fournies par les données statistiques:

– plus les qualifications mobilisées sont importantes et spécifiques et plus les possibilités d'utilisation de l'emploi temporaire sont limitées;

– les capacités de drainage de la main-d'œuvre par les entreprises de travail temporaire peuvent rendre l'intérim plus avantageux pour les besoins temporaires en main-d'œuvre qualifiée.

Deux remarques tirées des enquêtes permettent néanmoins de préciser la nature des relations entre qualifications mobilisées et emploi temporaire:

– plus les postes de travail exigeant d'importantes qualifications et/ou l'acquisition de longs apprentissages spécifiques sont nombreux et plus l'entreprise est amenée à stabiliser par de multiples garanties (de rémunération, de déroulement de carrière...) un important volume de salariés permanents. Une fois établies, ces garanties peuvent en retour l'inciter à externaliser les postes de travail qui dérogent à cette stratégie. En général, la sous-traitance de spécialité est alors privilégiée, mais lorsqu'elle s'avère difficile à mettre en œuvre, l'intérim peut être utilisé;

– les limites posées par l'existence de qualifications spécifiques et par les coûts de formation de la main-d'œuvre temporaire peuvent être repoussées par le recours massif et récurrent aux mêmes salariés temporaires et par les pratiques de «glissement» de salariés entre les différents postes (en cas de surcroît d'activité, les CDI peu qualifiés sont affectés sur des postes plus qualifiés – surtout si ceux-ci exigent des qualifications spécifiques – et sont remplacés par des salariés temporaires).

Deux dimensions peuvent ici être évoquées: la taille de l'établissement et son rattachement éventuel à une entreprise ou à un groupe. Le rattachement d'un établissement à une entreprise ou à un groupe a pesé à deux niveaux sur l'usage de l'emploi temporaire de certains établissements de l'échantillon:

– le premier porte sur les possibilités de mobilité interne. Elles peuvent réduire les besoins en main-d'œuvre externe mais supposent l'existence simultanée de surcroît de travail et de sous-activité dans les différents établissements. Les deux entreprises de travaux publics étudiées mobilisent fortement cet instrument, la mobilité géographique entre les établissements n'étant, en somme, qu'une forme particulière de la mobilité permanente entre les différents chantiers;

– le second a trait aux modalités de contrôle par l'entreprise ou le groupe de la politique d'emploi de l'établissement. Au sein de notre échantillon, certains établissements ne sont assujettis qu'à un contrôle d'ordre financier et ont toute latitude en matière de gestion de l'emploi et du travail. D'autres doivent, au contraire, respecter une série de règles et d'indicateurs fixés au niveau de l'entreprise ou du groupe.

En matière d'innovations technologiques, deux grands types d'effets – largement distincts du point de vue de leur nature – ont pu être repérés.

– le premier concerne l'utilisation de salariés temporaires sur des postes susceptibles de disparaître avec l'entrée en fonction des nouvelles installations. Dans un contexte de renouvellement rapide des techniques de production, les postes les moins qualifiés, dans la mesure où ils se prêtent le plus aisément à automatisation, sont bien entendu les premiers concernés et les plus fragilisés;

– le second concerne l'utilisation des salariés temporaires afin de faciliter l'installation des nouveaux équipements. Les dimensions qualitatives du recours jouent alors beaucoup plus, surtout lorsque le salarié temporaire est appelé en raison de sa qualification particulière en matière de conduite des installations. Dans une optique quelque peu différente, l'emploi temporaire peut aussi servir à remplacer des salariés permanents, placés momentanément en formation continue pour maîtriser les nouveaux équipements.

L'importance du climat social

L'importance du climat social, en particulier lorsque les motivations du recours portent sur la supervision de la main-d'œuvre et pour les logiques d'utilisation centrées sur l'externalisation et l'incitation, contraste fortement avec la faiblesse des négociations sur l'emploi temporaire au sein des entreprises.

Dans les établissements étudiés, l'intervention des représentants du personnel (délégués du personnel, membres du CE ou délégués syndicaux) se limite souvent à un suivi concernant la conformité du recours avec les dispositions légales. On peut même dire que c'est fréquemment sous la pression de certaines de ces dispositions que s'effectue ce suivi.

La faiblesse des négociations d'entreprise sur l'emploi temporaire renvoie pour une large part à l'ambiguïté même des positions syndicales sur cette question. Les sections d'établissements sont en effet fréquemment contraintes d'opter pour une attitude prudente – et souvent très en retrait par rapport à la position de leur confédération – à l'égard du recours à l'emploi temporaire, en particulier dans les établissements qui ont par le passé connu d'importantes réductions d'effectif : le personnel permanent y est alors souvent assez âgé et peut être insécurisé en cas de recours aux CDI, à la fois par crainte d'une nouvelle vague de licenciements et par les politiques visant à rééquilibrer la pyramide des âges.

La persistance d'un chômage massif rend évidemment beaucoup plus aisé le recours à l'emploi temporaire. La demande de tel emploi, par la main-d'œuvre, augmente en conséquence et la pression du chômage réduit d'autant les possibilités de remise en cause – par les salariés permanents – des politiques de recrutement des entreprises. Dans ce contexte général, l'influence du marché local du travail s'est exprimée à deux niveaux :

– le premier porte sur les contraintes imposées par des pénuries persistantes de main-d'œuvre dans certaines qualifications : elles ont contraint l'un des établissements de notre échantillon à ne pas se séparer de certains salariés (des soudeurs en l'occurrence), y compris dans les phases de retournement à la baisse de la conjoncture ;

– le second exemple porte sur le degré de présence des ETT sur le marché local du travail.

La pluralité des déterminants, ajoutée à celles des motivations à l'œuvre et des logiques d'utilisation, autorise évidemment une large gamme de combinaisons. La diversité des modalités de recours à l'emploi temporaire en témoigne : il peut faire l'objet d'une gestion méthodique et planifiée ou n'être mobilisé que ponctuellement et n'occuper qu'une place périphérique dans la politique d'emploi de l'entreprise ; son utilisation durable et massive peut concerner indifféremment la plupart des postes de travail ou, à l'inverse, être concentrée sur certaines qualifications bien particulières...

La «légitimité» du recours

Les formes mêmes de légitimation du recours peuvent être largement différentes d'une entreprise à l'autre.

On peut, à ce titre, souligner que le recours massif et systématique à l'emploi temporaire n'est pas nécessairement synonyme de moindre légitimité. Le cas singulier des établissements «coutumiers» qui recourent massivement à l'emploi temporaire, dans la mesure où leur activité même – ou du moins une partie de celle-ci – est reconnue comme étant largement temporaire, l'illustre pleinement.

Cette catégorie concerne notamment les établissements à l'activité fortement saisonnière et ceux qui, sans être soumis à de telles variations, n'en connaissent pas moins de très importantes et permanentes fluctuations de leur activité. Relèvent aussi de cette catégorie les établissements qui appartiennent à des secteurs où «il est d'usage constant de ne pas recourir aux CDI». Concernant cette notion «d'usage constant», la loi précise qu'il suppose un usage «ancien, bien établi et par conséquent admis comme tel dans la profession». On trouve ce faisant ici, inscrit dans la loi elle-même, l'un des attributs majeurs de ces utilisateurs coutumiers: le recours à l'emploi temporaire y est admis par les différents acteurs comme «allant de soi».

Cette reconnaissance, qui fonde la légitimité du recours, peut s'appuyer sur différents éléments. La nature même de l'activité de l'établissement tout d'abord: plus l'alternance des phases de «surchauffe» et de «sous-activité» est forte et plus l'utilisation de l'emploi temporaire apparaît comme «fondée». Une série de règles ensuite: pour les secteurs «où il est d'usage de ne pas recourir aux CDI», le caractère coutumier du recours a force de loi, pour le travail saisonnier la codification légale précise qu'il concerne les «tâches normalement appelées à se répéter chaque année à dates à peu près fixes, en fonction du rythme des saisons ou des modes de vie collectifs». L'étroitesse des alternatives enfin: les variations de la charge de travail de ces établissements sont telles qu'elles ne peuvent être gérées par le recours aux heures supplémentaires ou la modulation (il en va autrement pour le travail intermittent) (1).

NOTE DU CHAPITRE V

(1) Source: *Travail et Emploi*, nº 58, 1994/1, «Comment s'organise le recours aux CDD et à l'intérim?», par Christophe Ramaux.

Chapitre VI

Attentes et trajectoires individuelles : les retombées du travail à durée limitée

La plupart des travaux aboutissent à deux observations principales : d'une part le développement des emplois de courte durée (mais aussi des horaires réduits) entretient chez ceux qui les occupent une insatisfaction croissante, et alimente la montée du « sous-emploi » ; d'autre part il va de pair avec un accroissement de la mobilité sur le marché du travail, en multipliant les échanges entre emploi, chômage et inactivité, sans que l'on puisse établir de lien simple et univoque entre contrats courts, insertion ou exclusion professionnelle.

Plus l'intérim et les CDD se développent, et plus les enquêtes dénombrent d'actifs et d'actives qui se déclarent insatisfaits de l'emploi qu'ils occupent. Le phénomène retient d'autant plus l'attention des statisticiens au cours des années 80 qu'il contribue beaucoup à brouiller les frontières entre emploi, chômage et inactivité. La catégorie du « sous-emploi », qui rassemble les actifs souhaitant changer d'emploi ou travailler plus, connaît ainsi une extension parallèle à celle des emplois précaires et des petits boulots, et participe à l'élargissement du « halo » qui entoure désormais les catégories traditionnelles, aux contours plus nets, de l'emploi « typique » et du chômage total.

Nombreux d'ailleurs sont les passages qui soulignent également le rôle important que jouent les dispositifs de la politique de l'emploi dans ce processus, à travers la montée des stages, des TUC, puis des contrats emploi-solidarité. C'est donc le salariat qui se transforme, ou à tout le moins se diversifie, au fur et à mesure que les catégories usuelles issues du droit du travail se brouillent. Cette montée du flou statistique contribuera, malgré tous les efforts de clarification des auteurs, à alimenter la polémique sur le nombre des chômeurs, vive à la fin des années 80.

Autre enseignement : loin de fonctionner comme une « gare de triage », qui assignerait irrévocablement à chacun sa place et son statut, le marché du travail devient plus actif, mais aussi plus incertain. L'emploi précaire peut en effet présenter au moins trois visages : simple étape dans un parcours d'instabilité durable, où courtes périodes d'emploi et de chômage se succèdent ; premier pas vers l'emploi plus stable ; ou encore *menace* d'une exclusion durable, si les emplois courts ne sont que des palliatifs provisoires dans des parcours où le chômage domine (1).

L'emploi précaire, à défaut d'un emploi stable

La baisse de la mobilité professionnelle n'empêche pas qu'une proportion croissante d'actifs occupés déclarent chercher un autre emploi. L'augmentation est notable au cours de la fin des années 60 ; elle paraît marquer un palier durant les premières années de crise pour reprendre depuis le début des années 80. Elle est spectaculaire parmi les jeunes, en particulier les jeunes femmes. Au début des années 60, 2 % des actifs occupés cherchaient un autre emploi ; ils sont près de 5 % aujourd'hui, ce qui représente environ 620000 hommes et 530000 femmes.

Deux grandes catégories de motifs expliquent cette recherche : soit l'emploi actuel est menacé, soit il ne satisfait pas. C'est surtout pour ce dernier motif que l'on cherche un autre emploi. En fait, lorsque la possibilité est donnée de préciser ce jugement, les intéressés déclarent qu'ils souhaitent occuper un emploi dont le salaire soit plus élevé.

L'évolution en ciseaux des deux grandes catégories de motifs est modeste mais remarquable : de 1968 à 1974, la crainte ou la certitude de perdre l'emploi actuel tend de moins en moins à expliquer la recherche d'un autre emploi, et le fait que l'emploi actuel ne convient pas, de plus en plus. Ceci est sensible surtout chez les femmes. De 1975 à 1981, la situation change : la crainte de perdre l'emploi actuel se répand, tandis que l'insatisfaction se stabilise dans le cas des hommes, ou continue de croître jusqu'au printemps de 1979 pour diminuer ensuite chez les femmes.

Enfin, chercher un autre emploi parce que l'emploi actuel est un « emploi d'attente » est beaucoup plus fréquent chez les femmes que chez les hommes. Cette notion d'emploi d'attente n'est pas très précise, mais elle a quelques rapports avec les emplois précaires : il est d'ailleurs explicitement mentionné, à partir de l'enquête emploi de l'INSEE de 1982, qu'un emploi d'attente est « pris, en attendant de trouver un emploi stable, pour les jeunes surtout » (2).

Stages, emploi précaires et, pour une part, emplois à temps partiel ne sont acceptés qu'à défaut d'une autre situation. Beaucoup ne s'en satisfont pas, et viennent grossir les rangs des quelque 1,4 million de personnes qui recherchent un autre emploi.

Entre 1968 et 1974, il y avait en mars de chaque année entre 550000 et 600000 personnes à la recherche d'un autre emploi, soit moins de 3 % de la population active occupée. Les jeunes (autour de 5 % pour les 18-24 ans) étaient un peu plus fréquemment à la recherche d'un autre emploi, signe d'une insertion professionnelle par ajustements successifs. Après cet âge, seul subsistait un volant minimum dû à la mobilité professionnelle ou géographique.

Depuis, la population à la recherche d'un autre emploi n'a cessé d'augmenter, d'abord lentement, puis très vite à partir du début des années 80. De 855000 personnes en mars 1980, elle passe à 1379000 en mars 1986, avec une augmentation de 227000 personnes la dernière année. Le taux a lui-même doublé pour atteindre 6,4 % de la population active occupée en mars 1986.

En même temps que cette population augmente, elle change. Les raisons qui correspondent à la recherche d'un «mieux» – trouver un emploi mieux payé, par exemple – se réduisent progressivement. Elles étaient le plus souvent avancées en 1983 avec 45 % des cas, elles ne représentent que 37 % en mars 1986. A l'inverse, les raisons qui tiennent plutôt à la recherche d'un emploi «moins précaire» – l'emploi occupé est un emploi d'attente ou il existe une crainte ou une certitude de le perdre – passent au premier plan : 534000 personnes avancent ces raisons en mars 1986.

La recherche d'un autre emploi parce que l'emploi occupé est un emploi d'attente ou un emploi menacé augmente dans toutes les catégories. Mais les jeunes, les femmes dans leur ensemble, et bien évidemment les stagiaires ou les salariés sous contrat à durée déterminée avancent de plus en plus souvent ces raisons. Rajeunissement, féminisation, importance croissante des emplois précaires, poids accru du temps partiel caractérisent l'évolution de cette population depuis quelques années.

Raisons de rechercher un autre emploi

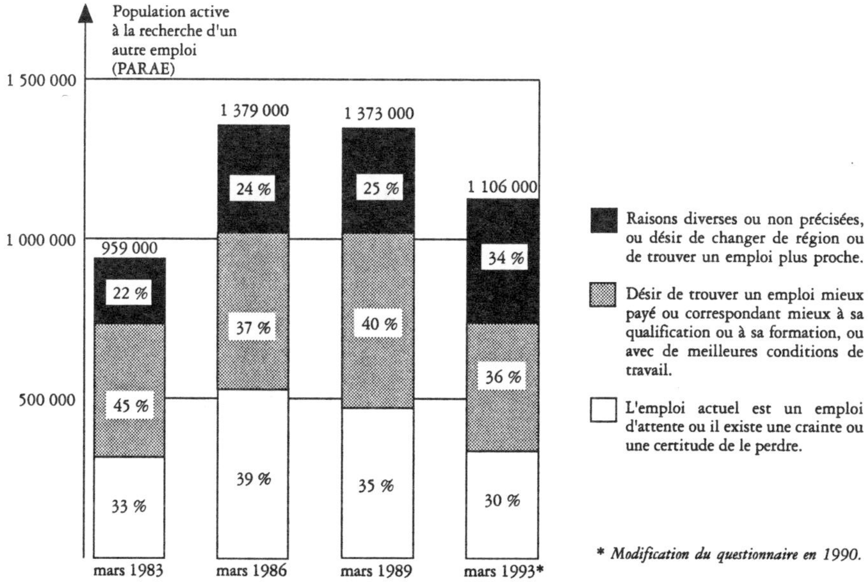

Source : enquêtes emploi INSEE.

Emplois d'attente, emplois menacés ne se réduisent pas cependant aux formes reconnues de précarité que sont le stage ou le contrat à durée déterminée. Ce sont aussi des emplois dans le commerce, l'hôtellerie, les services aux particuliers; certains emplois dans le bâtiment pour les hommes; des non-titulaires dans la fonction publique. Ils sont plutôt occupés par des adultes et, dans quatre cas sur dix, il s'agit d'emplois à temps partiel.

Une insertion plus difficile

Parmi ceux qui recherchent un autre emploi en mars 1986, près d'un tiers travaillent à temps partiel, contre un cinquième trois ans plus tôt. Tous ne sont pas des stagiaires, et les secteurs d'élection du temps partiel se retrouvent aussi ici (commerce, hôtellerie, restauration). Le nombre de ces «insatisfaits du temps partiel» croît cependant plus vite que le nombre total des emplois à temps partiel.

Pour un âge ou un niveau de salaire donné, pour une profession ou un secteur d'activité, la part de ceux qui déclarent rechercher un autre emploi est un indicateur du degré d'insatisfaction. Parmi les jeunes de moins de 25 ans qui, en 1986, ont un emploi, c'est près d'un sur cinq qui en recherche un autre. La proportion est encore plus forte chez les jeunes femmes. Précarité du statut et travail à temps partiel sont sans doute à l'origine de cette insatisfaction.

Plus que toutes les autres catégories de salariés, les stagiaires sont nombreux à déclarer rechercher un autre emploi. Dans la quasi-totalité des cas, c'est un emploi permanent qui est souhaité. Le taux le plus élevé est celui des TUC: plus de 70 % dans l'ensemble, et près des trois quarts chez les jeunes femmes. Pour l'ensemble des stagiaires, ce taux est de 46,8 %, du même ordre que celui des intérimaires jeunes et adultes. Les stagiaires adultes, dont les stages sont souvent des formations de l'employeur, ont un taux de recherche plus réduit, bien que nettement supérieur à la moyenne.

Alors même que le nombre de salariés sous contrat à durée déterminée augmente, la proportion de ceux qui recherchent un autre emploi permanent est aussi en hausse. De 22 % en 1983, leur taux de recherche passe à 28 % en 1986. Le CDD serait donc de plus en plus accepté à défaut d'un emploi permanent.

Les femmes, quel que soit le type d'emploi précaire, sont à tout âge en proportion plus forte à rechercher autre chose (3).

L'amélioration relative de l'emploi des jeunes à la fin des années 80 n'a été toutefois qu'une embellie liée à la conjoncture. C'est sur l'emploi des jeunes que l'évolution de l'activité économique se répercute le plus rapidement, l'utilisation des formes particulières d'emploi permettant une plus grande flexibilité dans les recrutements. L'insertion professionnelle des jeunes passe donc de plus en plus par une alternance de périodes de chômage et d'emplois temporaires qui, pour les moins diplômés d'entre eux, risque de les confiner dans la précarité.

On peut estimer que les formes d'emplois temporaires concernaient environ 8 % des jeunes travailleurs au début des années 80. La reprise des recrutements passe essentiellement par un développement des nouvelles formes d'emploi. La mise en place des SIVP et des TUC à partir de 1985, puis la généralisation de l'embauche de jeunes sous CDD et la montée de l'intérim ont porté la proportion des emplois temporaires à plus de 20 % en 1989. Cette extension des formes particulières d'emploi pèse sur l'insertion durable. Si un tiers des 15-24 ans est au travail au début des années 90, un quart seulement occupe un emploi «stable», sous contrat à durée indéterminée.

Multiplication des emplois de courte durée

Corollaire de la multiplication des emplois de courte durée, la mobilité dans l'emploi s'accélère en période de croissance économique. Ainsi, parmi les jeunes au travail en 1983, 11 % ont changé d'entreprise l'année suivante; en 1990, ils sont 19 % dans ce cas. Par la suite, la mobilité des jeunes d'un emploi à l'autre recule à nouveau, essentiellement sous l'effet de la limitation des embauches sous CDD en période de contraction générale des effectifs.

Les passages par des périodes de chômage se multiplient également. La part des jeunes actifs qui demeurent en situation d'emploi d'une année sur l'autre ne cesse de diminuer. De 90 % en 1970, elle n'est que de 77 % en 1993. Cependant, les jeunes demeurent moins souvent au chômage prolongé que leurs aînés, bénéficiant dans des délais plus brefs d'une insertion, même incertaine, dans l'emploi.

Ces évolutions accréditent la thèse selon laquelle les pratiques de gestion de la main-d'œuvre en France auraient eu tendance à préserver autant que possible la situation des adultes dans les emplois les plus protégés (emplois qualifiés offrant de hauts salaires). En corollaire, les jeunes sont davantage pris en charge par des systèmes publics d'éducation ou d'insertion, ou bien sont embauchés dans le segment secon-

Une plus grande flexibilité des politiques de recrutement

Si la situation d'emploi est finalement assez peu remise en cause pour une majorité des 25-49 ans durant la décennie 80, les formes d'emplois se transforment sensiblement. Auparavant, les formes d'emplois temporaires constituaient le plus souvent une voie d'insertion pour les jeunes : en 1982, la moitié des contrats à durée déterminée (CDD) concernaient des jeunes de moins de 25 ans et un tiers seulement des actifs de 25-39 ans. Dix ans plus tard, ces proportions sont inversées alors que la part des CDD dans l'emploi total est passée de 1,7 % à 3,2 %. Dans les grands établissements du privé, le recrutement de salariés de 25 à 49 ans sur CDD devient une pratique courante et concerne près de 9 % des effectifs en place de cette classe d'âge en 1989 (12 % pour les jeunes).

Ce développement du travail temporaire chez les actifs d'âge intermédiaire va de pair avec la montée du chômage : en 1970, 63 % des chômeurs de 25 à 49 ans avaient retrouvé un emploi un an plus tard ; en 1987, ce taux de réinsertion dans l'emploi n'est plus que de 31 %. Par la suite, la reprise des embauches se traduit par une réinsertion plus fréquente dans un emploi précaire : de 1983 à 1991, la réinsertion dans un emploi stable ne cesse de diminuer (de 34 % à 27 %). A partir de 1990, la dégradation de l'activité économique affecte aussi les actifs qui connaissaient une certaine stabilité. Les hommes de 25 à 49 ans, les cadres, les salariés et non-salariés du tertiaire sont touchés par l'accélération des pertes d'emplois. Les actifs occupés d'âge intermédiaire ne sont plus assurés de conserver leur emploi. Pour la première fois, la part des personnes demeurant en situation d'emploi d'une année sur l'autre diminue : 96 % en 1990, 94 % en 1993. Les licenciements économiques se multiplient et s'ajoutent à la précarisation accrue des emplois.

Alors que les recrutements sur contrats à durée indéterminée se raréfient, les embauches de salariés adultes sur CDD se maintiennent dans les grands établissements. Au total, le nombre d'actifs de 25 à 39 ans travaillant sous CDD passe de 260 000 en 1990 à 290 000 en 1993. Par ailleurs, le dispositif des contrats emploi-solidarité (CES) devient le principal instrument de la politique de l'emploi, en particulier de lutte contre le chômage de longue durée. Il s'adresse donc davantage qu'auparavant aux actifs plus âgés. Le fort développement des CES explique l'augmentation rapide des stagiaires actifs occupés de plus de 24 ans : 71 000 en 1990, 280 000 en 1993. Dans le même temps, la réinsertion des chômeurs d'âge intermédiaire chute à nouveau ; en 1993, elle concerne moins de 20 % d'entre eux (3).

Emploi par âge

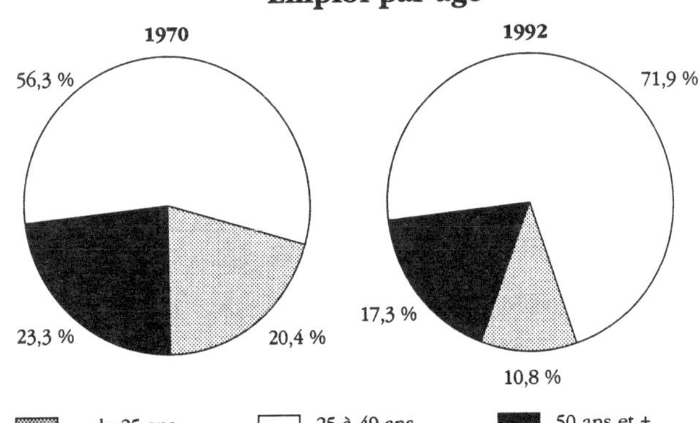

daire du marché du travail, notamment dans les petites entreprises, offrant des emplois instables ou peu rémunérés, avant de pouvoir accéder aux postes du marché «primaire». Ainsi, d'après l'enquête sur la technique et l'organisation du travail auprès des travailleurs occupés réalisée par l'INSEE en 1987, sur 100 salariés occupant des postes de travail conjuguant différentes formes de flexibilité (emplois temporaires, flexibilité du temps de travail ou de l'organisation du travail), 42 sont des jeunes de 15 à 24 ans. A l'inverse, ils n'occupent que 4 % des postes stables définis selon les mêmes critères (4).

La précarité des jeunes

Quel contenu donner à la précarité des jeunes? Une réponse peut être avancée à la lumière des résultats d'une enquête menée auprès d'un échantillon de jeunes en rupture d'emploi huit ans au moins avant l'investigation menée auprès d'une population représentative de jeunes châlonais nés en 1960. En effet, à l'analyse du contenu de la trajectoire des jeunes châlonais, on s'aperçoit que les formes particulières d'emploi débordent les contours de l'emploi précaire et que ce dernier ne se confond pas avec les formes particulières d'emploi.

En fait, il apparaît que certaines modalités d'emplois atypiques s'institutionnalisent pendant qu'une frange de l'emploi classique se dégrade. Ainsi, les emplois à durée déterminée (CDD) servent de plus en plus de période d'essai dans le meilleur des cas, ou d'expérience professionnelle reconnue en cas de rupture. De la même façon, l'intérim (sur les emplois de la grande entreprise, du tertiaire qualifié ou du bâtiment) se comptabilise plus dans les trajectoires en termes de mobilité qu'en termes de précarité.

A contrario, deux phénomènes se conjuguent pour provoquer la dégradation de nombreux emplois classiques. D'une part l'externalisation des activités périphériques dans la grande entreprise: dans ce mouvement, une foule de petits «jobs» sans qualité mais bien protégés disparaissent ou se précarisent. D'autre part le secteur des services se développe sur des marchés concurrentiels mal protégés par les règles et le code du travail: là encore, les petits jobs se multiplient, aussi faciles à prendre qu'à perdre.

Quant aux stages d'insertion, ils se dispersent dans ces marais contradictoires. Si quelques-uns s'apparentent au CDD (à temps complet ou partiel), voire à une période d'essai, la plupart sont confiés à une main-d'œuvre sous-payée pour des travaux d'appoint et limités dans le temps. Du point de vue des jeunes, il n'y a guère de différence entre un «petit boulot» et un stage d'insertion (d'ailleurs la plupart ignorent leur statut négocié souvent à leur insu à l'ANPE).

L'insertion professionnelle est donc aujourd'hui un processus complexe où les dimensions de subjectivité, de stratégies individuelles et de relativité sont de toute première importance. Dès lors, il est difficile de modéliser ses modalités en fonction d'éléments extérieurs aux individus et la précarité n'est pas le modèle d'insertion des plus démunis ou des moins chanceux.

Il semble préférable de parler de «mode d'insertion» avec l'idée que les itinéraires se construisent dans la diversité des histoires, des trajectoires et des stratégies de chacun.

A ce titre, la précarité prend place dans une panoplie d'itinéraires et s'inscrit dans l'ensemble des transformations des formes et des rythmes de l'insertion sociale. La crise économique et la saturation de l'emploi accélèrent la mise en œuvre de ces phénomènes d'individualisation des profils d'insertion, mais n'en est pas à l'origine, semble-t-il.

Des différences de comportement entre jeunes gens et jeunes filles

D'une façon générale, les jeunes gens vivent leurs difficultés d'emploi les premières années qui suivent la sortie du système scolaire, ou entre 20 et 25 ans, après une primo-insertion apparemment sans problèmes. L'analyse du détail des trajectoires d'emploi des garçons signale les sommets de vacuité d'activité autour de 24 ans (un quart des garçons ne travaillent pas à cet âge-là). Cela n'est pas dû à une forte stigmatisation de la population sur le marché du travail, puisqu'à 30 ans, 91 % d'entre eux travaillent, proportion proche des moyennes nationales. D'autres signes sont surprenants: la précarité de ces jeunes change de visage au cours du temps. Les «petits boulots» sont fréquents chez les précaires avant 25 ans. Après, autour de la stabilisation de la trentaine, c'est l'intérim ou le CDD qui servent de locomotive à l'insertion. Ces éléments sont des indicateurs d'une précarité marquée par l'amateurisme et l'emploi dilettante.

La majorité des jeunes, ayant vécu dans la précarité sur un long terme, présente des expériences similaires. Ainsi, la précarité juvénile masculine est l'affaire de jeunes hésitants, qui peinent (ou résistent) à se poser socialement comme travailleurs avant un âge avancé. Ces jeunes ont en commun un déficit d'apprentissages sociaux qui demandera du temps pour être comblé.

Quant aux jeunes femmes, elles s'engagent plutôt simultanément sur deux fronts (le familial et le professionnel). Mais dans cette course contrariée vers l'emploi, c'est le professionnel qui conditionne le calendrier familial et non l'inverse.

Traditionnellement, l'arbitrage travail/famille se faisait (pour les femmes concernées) régulièremnt en fonction de la famille. La discontinuité, très répandue jusqu'au début des années 80, en était l'expression forte. La transformation du marché de l'emploi, sous l'effet de la crise économique, a modifié les conditions d'accès à l'activité. Très motivées, les femmes se sont adaptées en combinant les nouvelles donnes sociales et culturelles avec la nouvelle donne professionnelle. Cela se traduit notamment par ces trajectoires d'insertion contrariées et complexes où l'arbitrage travail/famille s'exerce cette fois en faveur du travail au moyen de la précarité.

A ce titre, pour une femme, si la vie de famille ne remplace pas l'activité, elle la protège néanmoins de la «galère» et de son cortège d'angoisses ou de déchéances. Non parce que les chômeuses se transforment en femmes au foyer, mais parce que les femmes gèrent leur précarité d'emploi dans des aménagements de vie que la précarité, justement, leur permet (5).

NOTES DU CHAPITRE VI

(1) Source: *Texte rédigé par le comité éditorial.*

(2) Source: *Économie et Statistique,* nº 183, décembre 1985, «Les traits majeurs du chômage depuis 20 ans», par Claude Thélot.

(3) Source: *Économie et Statistique,* nº 193/194, novembre-décembre 1986, «Emplois précaires, stages: des emplois «faute de mieux», par Jean-Luc Heller.

(4) Source: *INSEE Première,* nº 326, juin 1994, «Générations et emploi depuis 1970», par Sylvie Dumartin.

(5) Source: *Travail et Emploi,* nº 52, 1992/2, «L'idée de précarité revisitée», par Chantal Nicole-Drancourt.

Chapitre VII

Statistiques longues

Travail temporaire

Effectifs salariés des établissements de travail temporaire par sexe du 31.12.1975 au 31.12.1992

Effectifs en milliers

Date	Effectifs salariés			Nombre d'établissements
	Hommes	Femmes	Ensemble	
31-Déc-75	75,0	33,3	108,3	2129
31-Déc-76	104,5	41,7	146,2	2596
31-Déc-77	110,4	44,0	154,4	2742
31-Déc-78	127,9	50,4	178,3	2993
31-Déc-79	149,2	54,1	203,3	3373
31-Déc-80	140,8	56,0	196,8	3664
31-Déc-81	124,1	52,6	176,7	3585
31-Déc-82	82,6	40,6	123,2	2883
31-Déc-83	67,4	38,2	105,6	2710
31-Déc-84	66,5	34,9	101,4	2590
31-Déc-85	88,5	40,7	129,2	2671
31-Déc-86	89,4	41,2	130,6	2990
31-Déc-87	127,8	52,2	180,0	3269
31-Déc-88	185,0	67,4	252,4	3617
31-Déc-89	219,1	83,7	302,8	4072
31-Déc-90	207,3	84,2	291,5	4725
31-Déc-91	197,3	80,0	277,3	5467
31-Déc-92	165,6	72,4	238,0	5071

Source: UNEDIC.

N.B. Les données présentées ici proviennent de l'UNEDIC. Elles sont issues des fichiers rectifiés pour les années 1975 à 1991 et du fichier brut pour l'année 1992. Les statistiques de l'UNEDIC permettent de suivre la démographie des établissements de travail temporaire et les effectifs salariés correspondants, y compris les salariés permanents de ces établissements.

Intérim

Intérim par sexe et âge regroupé aux enquêtes Emploi de 1982 à 1993

Part au sein de l'emploi salarié en pourcentage — *Effectifs en milliers*

Sexe et date	15 à 24 ans		25 à 39 ans		40 ans et plus		Ensemble	
	Effectif	Part	Effectif	Part	Effectif	Part	Effectif	Part
Hommes								
Avr-82	31,6	2,1	33,1	0,7	15,2	0,4	79,9	0,8
Mar-84	26,1	2,0	23,8	0,5	11,8	0,3	61,7	0,6
Mar-86	34,8	2,7	37,0	0,8	19,2	0,5	91,0	0,9
Mar-88	40,9	3,5	53,3	1,1	21,6	0,5	115,8	1,1
Jan-90	67,1	5,9	71,0	1,5	30,2	0,7	168,3	1,6
Mar-91	50,1	4,8	70,6	1,5	29,2	0,6	150,0	1,4
Mar-92	42,8	4,2	74,3	1,5	24,7	0,5	141,8	1,4
Mar-93	40,2	3,6	61,8	1,3	23,0	0,5	125,0	1,2
Femmes								
Avr-82	20,8	1,6	18,5	0,5	10,0	0,4	49,2	0,7
Mar-84	12,8	1,1	23,1	0,6	6,1	0,2	42,0	0,6
Mar-86	14,0	1,2	18,3	0,5	6,6	0,2	38,9	0,5
Mar-88	18,4	1,7	26,9	0,7	5,1	0,2	50,4	0,6
Jan-90	22,5	2,2	30,0	0,8	11,2	0,3	63,7	0,8
Mar-91	18,8	2,0	35,5	0,9	11,0	0,3	65,3	0,8
Mar-92	19,1	2,1	38,2	1,0	12,0	0,3	69,3	0,8
Mar-93	14,9	1,7	27,4	0,7	9,5	0,3	51,8	0,6
Ensemble								
Avr-82	52,4	1,9	51,5	0,6	25,2	0,4	129,1	0,7
Mar-84	38,9	1,6	47,0	0,6	17,9	0,3	103,8	0,6
Mar-86	48,8	2,0	55,3	0,6	25,8	0,4	129,9	0,7
Mar-88	59,3	2,6	80,3	0,9	26,7	0,4	166,2	0,9
Jan-90	89,6	4,2	101,0	1,2	41,4	0,5	232,0	1,2
Mar-91	68,9	3,5	106,1	1,2	40,2	0,5	215,2	1,1
Mar-92	61,9	3,2	112,5	1,3	36,8	0,5	211,2	1,1
Mar-93	55,1	2,7	89,2	1,0	32,4	0,4	176,8	0,9

Source: INSEE, enquêtes Emploi.

N.B. Les données présentées ici sont issues des enquêtes Emploi, à partir de celle de 1982, date où la question sur l'intérim apparaît dans le questionnaire. Contrairement au tableau précédent, les effectifs estimés dans ce tableau n'incluent pas les salariés permanents des établissements de travail temporaire, mais seulement les travailleurs intérimaires. L'âge est celui atteint au cours de l'année.

Contrats à durée déterminée

CDD par sexe et âge regroupé aux enquêtes Emploi de 1982 à 1993

Part au sein de l'emploi salarié en pourcentage — *Effectifs en milliers*

Sexe et date	15 à 24 ans		25 à 39 ans		40 ans et plus		Ensemble	
	Effectif	Part	Effectif	Part	Effectif	Part	Effectif	Part
Hommes								
Avr-82	83,4	5,5	65,4	1,3	26,2	0,6	175,0	1,6
Mar-84	56,4	4,3	52,2	1,1	20,4	0,5	129,0	1,3
Mar-86	104,2	8,2	66,7	1,4	28,6	0,7	199,6	1,9
Mar-88	134,4	11,4	120,3	2,5	38,2	0,9	292,9	2,9
Jan-90	126,3	11,0	128,0	2,6	40,1	0,9	294,4	2,8
Mar-91	95,8	9,2	131,4	2,7	38,4	0,9	265,6	2,5
Mar-92	104,9	10,3	137,5	2,9	44,7	1,0	287,2	2,8
Mar-93	91,4	8,1	138,9	2,9	55,3	1,2	285,6	2,7
Femmes								
Avr-82	70,5	5,5	47,6	1,4	18,6	0,7	136,7	1,8
Mar-84	65,2	5,7	50,7	1,4	14,3	0,5	130,2	1,8
Mar-86	86,3	7,5	72,5	1,9	33,5	1,2	192,3	2,5
Mar-88	110,2	10,3	106,0	2,8	37,3	1,2	253,5	3,2
Jan-90	113,8	11,3	134,8	3,5	50,0	1,5	298,6	3,6
Mar-91	102,2	10,9	134,0	3,4	47,8	1,4	284,0	3,4
Mar-92	103,9	11,7	128,8	3,3	56,6	1,6	289,2	3,5
Mar-93	118,4	13,7	155,1	3,8	69,3	1,8	342,8	3,9
Ensemble								
Avr-82	153,9	5,5	113,0	1,4	44,8	0,6	311,7	1,7
Mar-84	121,6	5,0	102,9	1,2	34,7	0,5	259,2	1,5
Mar-86	190,5	7,8	139,2	1,6	62,1	0,9	391,8	2,2
Mar-88	244,5	10,9	226,2	2,6	75,5	1,0	546,3	3,0
Jan-90	240,2	11,1	262,9	3,0	90,0	1,2	593,0	3,2
Mar-91	198,0	10,0	265,3	3,1	86,2	1,1	549,6	2,9
Mar-92	208,8	10,9	266,3	3,1	101,3	1,2	576,4	3,1
Mar-93	209,9	10,5	294,0	3,3	124,5	1,5	628,4	3,2

Source : INSEE, enquêtes Emploi.

N.B. Les données présentées ici sont, comme dans le tableau précédent, issues des enquêtes Emploi à partir de celle de 1982, date à laquelle la question sur la nature du contrat de travail (saisonnier, à durée déterminée ou à durée indéterminée) apparaît. Il s'agit des salariés (hors État et collectivités locales, excluant donc en particulier les TUC et les CES) ayant un contrat de travail saisonnier ou à durée déterminée. L'âge est celui atteint au cours de l'année.

Stagiaires rémunérés

Stagiaires rémunérés par sexe et âge regroupé aux enquêtes Emploi de 1982 à 1993

Effectifs en milliers

Date	Hommes			Femmes			Ensemble		
	15-24	> 24 ans	Total	15-24	> 24 ans	Total	15-24	> 24 ans	Total
Ensemble									
Avr-82	51	40	91	29	19	48	80	59	139
Mar-84	50	39	89	31	22	53	81	61	142
Mar-86	124	72	196	159	59	218	283	130	413
Mar-88	140	93	233	194	90	284	333	184	517
Jan-90	98	51	149	149	74	223	247	125	372
Mar-91	85	69	154	144	113	257	229	182	411
Mar-92	88	83	171	127	140	267	216	223	439
Mar-93	87	135	222	131	213	344	218	349	567
Dont actifs occupés									
Avr-82	28	21	49	16	10	26	44	31	75
Mar-84	23	21	44	15	10	25	38	31	69
Mar-86	95	47	142	126	34	160	221	81	302
Mar-88	107	53	160	159	56	215	266	109	375
Jan-90	77	31	108	128	40	168	205	71	276
Mar-91	52	44	96	110	71	181	162	115	277
Mar-92	64	56	120	99	101	200	164	158	322
Mar-93	62	104	166	102	176	278	164	280	444

Source: INSEE, enquêtes emploi.

N.B. Les données présentées ici concernent les stagiaires rémunérés et sont issues des enquêtes Emploi à partir de celle de 1982. Les stagiaires non rémunérés ne sont pas inclus car ils sont classés avec les élèves et les étudiants dès le début du questionnaire. Les stagiaires rémunérés peuvent être «en formation» et classés aussi avec les élèves et les étudiants. S'ils déclarent chercher un emploi et satisfont par ailleurs aux conditions du BIT, ils sont classés chômeurs. Mais une majorité de plus en plus large d'entre eux déclarent exercer une activité professionnelle effective et sont donc classés actifs occupés (au sens du BIT) dans l'enquête: à partir de 1985, la création des TUC, s'ajoutant à d'autres catégories de stage, a abouti à un gonflement des stagiaires rémunérés considérés comme actifs occupés dans l'enquête Emploi (stagiaires en entreprise ou employés par l'État, les collectivités locales ou les associations). Le tableau présente donc l'ensemble des stagiaires rémunérés et ceux qui sont actifs occupés. L'âge est celui atteint au cours de l'année.

Chapitre VIII

Comparaisons internationales

Salariés ayant un emploi temporaire

Effectifs en milliers

	Eur 12	Belg.	RFA	Espag.	France	Italie	Pays-B.	Portug.	R-U
					Hommes et Femmes				
1983		151			591	967	252		1144
1984		160	2246		577	724			1289
1985		161	2265		830	699	338		1499
1986		191	2571		1140	666		386	1509
1987	9031	143	2698	1226	1271	784	481	453	1345
1988	9916	143	2684	1851	1412	860	454	512	1322
1989	10450	148	2644	2335	1562	935	453	528	1212
1990	11061	156	2654	2748	1922	798	418	524	1188
1991	11042	156	2414	3019	1891	831	437	466	1188
					Hommes				
1983		70			341	513	119		494
1984		74	1250		334	368			566
1985		73	1278		487	355	172		679
1986		79	1448		603	339		226	674
1987	4950	61	1533	809	683	399	240	271	578
1988	5430	58	1513	1189	743	442	226	284	570
1989	5638	57	1482	1488	806	466	227	285	449
1990	5929	59	1466	1747	957	379	209	284	449
1991	5804	56	1326	1861	898	393	205	249	460
					Femmes				
1983		80			250	453	132		650
1984		86	996		243	356			723
1985		88	987		343	343	166		821
1986		112	1122		537	328		160	835
1987	4081	82	1165	416	588	386	241	183	767
1988	4485	85	1171	662	670	418	228	228	752
1989	4812	92	1162	847	756	469	226	244	763
1990	5132	97	1188	1001	966	419	209	240	739
1991	5238	100	1088	1158	993	438	232	217	728

Source: EUROSTAT, Enquêtes sur les forces de travail, 1983/1991.

Travail temporaire

Pourcentage de travailleurs temporaires dans le nombre total de salariés par branche, 1983-1991

		Agriculture	Energie et eau	Industries extractives et produits chimiques	Industries manufac-turières	Construction
Belgique	1983	7,7	1,9	2,2	2,8	2,6
	1989	6,4	1,8	2,2	2,7	3,0
	1991	6,2	3,5	2,5	2,1	2,7
Danemark	1984	21,7	5,6	4,6	9,5	16,3
	1989	13,9	3,1	3,6	6,8	14,0
	1991	14,9	1,6	4,7	8,5	18,2
Finlande	1989	21,4	"	4,7	"	7,3
	1991	23,2	"	4,7	"	5,0
France	1983	5,1	2,4	2,1	3,7	5,2
	1989	11,5	2,6	7,0	8,9	9,9
	1991	13,9	4,2	5,5	8,5	10,1
Allemagne	1984	22,9	3,6	5,7	8,1	10,1
	1989	17,4	6,6	5,8	8,2	9,1
	1991	16,5	5,5	6,1	7,1	7,9

		Commerce de distribution	Transport et commu-nications	Banques et finances	Autres services	Adminis-tration publique	Total
Belgique	1983	6,9	2,7	4,1	9,3	8,2	5,4
	1989	4,9	2,3	3,8	8,5	8,6	5,1
	1991	4,8	2,9	3,5	8,3	8,8	5,1
Danemark	1984	15,3	7,8	6,7	14,1	14,6	12,5
	1989	13,1	5,1	6,2	11,7	11,9	9,9
	1991	15,0	7,1	6,4	14,7	12,0	11,9
Finlande	1989	12,6	7,3	11,7	"	19,7	11,9
	1991	15,2	5,6	7,7	"	23,3	13,1
France	1983	6,0	1,1	3,8	2,4	0,7	3,3
	1989	10,9	3,9	7,5	9,5	5,9	8,5
	1991	10,2	6,1	7,5	14,8	10,0	10,2
Allemagne	1984	12,6	5,2	8,5	14,4	10,7	10,0
	1989	13,6	6,4	10,1	15,4	15,9	11,0
	1991	10,7	5,8	8,7	13,4	13,5	9,5

		Agriculture	Energie et eau	Industries extractives et produits chimiques	Industries manufac-turières	Construction
Italie	1983	35,9	2,3	0,9	2,2	11,9
	1989	28,1	1,5	2,0	3,7	9,8
	1991	24,4	1,0	1,8	2,9	7,5
Japon	1983	20,4	2,8	5,9	9,2	17,5
	1989	22,2	3,3	6,9	9,0	14,2
	1991	20,9	3,0	5,9	8,8	12,3
Pays-Bas	1983	10,5	3,4	1,8	3,1	3,9
	1989	13,0	3,7	5,2	7,3	4,7
	1991	11,5	4,4	3,5	6,3	3,8
Portugal	1986	31,5	7,0	11,2	15,0	25,5
	1989	31,6	10,3	15,7	18,5	29,0
	1991	29,1	6,8	12,9	16,5	23,5
Espagne	1987	39,4	4,3	8,2	12,3	29,5
	1989	19,6	8,2	16,6	24,0	49,4
	1991	54,4	9,9	22,9	28,5	55,7
Royaume-Uni	1983	11,8	2,0	2,3	2,7	6,9
	1989	7,1	3,1	3,3	2,7	4,4
	1991	6,8	3,6	1,9	2,7	3,6

		Commerce de distribution	Transport et commu-nications	Banques et finances	Autres services	Adminis-tration publique	Total
Italie	1983	7,0	1,5	1,9	6,5	2,3	6,6
	1989	8,1	1,4	4,3	7,0	2,3	6,3
	1991	6,3	2,0	3,3	6,5	2,2	5,4
Japon	1983	13,4	4,2	3,6	9,9	6,7	10,3
	1989	14,6	6,1	4,9	11,1	5,3	10,6
	1991	13,4	6,2	4,9	11,1	6,0	10,4
Pays-Bas	1983	5,0	3,6	3,6	10,1	5,1	5,7
	1989	9,6	5,9	7,8	10,9	7,4	8,5
	1991	8,0	5,1	7,4	10,4	6,2	7,6
Portugal	1986	16,6	4,8	6,3	12,3	7,3	14,7
	1989	23,3	8,9	11,2	17,3	9,8	18,7
	1991	21,5	10,8	15,1	14,8	8,5	16,5
Espagne	1987	18,3	7,8	8,5	13,3	7,7	15,6
	1989	31,7	15,9	19,3	22,8	10,3	26,6
	1991	38,9	19,3	26,3	27,8	15,7	32,2
Royaume-Uni	1983	9,0	2,2	3,7	7,9	4,0	5,5
	1989	7,6	2,7	4,1	8,8	3,2	5,4
	1991	7,8	2,6	4,3	8,1	4,0	5,3

Source: OCDE, Perspectives de l'emploi, 1993.
N.B. La classification des branches varie d'un pays à l'autre.

Bibliographie

Barthélemy N., «Les mouvements de main-d'œuvre dans les établissements de 10 salariés et plus», *Premières Informations*, nº 306, août 1993.

Barthélemy N. et Jaulent C., «Embauches et licenciements au cours de l'année 1993 : un marché de l'emploi en voie de redressement?», *Premières Synthèses*, nº 69, septembre 1994.

Belloc B. et Hocquaux C., «Les emplois à durée limitée en 1992», *Premières Informations*, nº 379, novembre 1993.

Bordes M.-M. et Guillemot D., «Marché du travail – Séries longues», *Insee-résultats*, nº 305-306, mai 1994.

Cézard M. et Heller J.-L., «Les formes traditionnelles d'emploi salarié déclinent», *Économie et Statistique*, nº 215, novembre 1988.

Chazal J., «Ralentissement des mouvements de main-d'œuvre en 1992», *Insee-Première*, nº 284, octobre 1993.

Corbel P., Guergoat J.-C. et Laulhé M.-C., «Nouvelle progression des contrats à durée déterminée», *Économie et Statistique*, nº 193-194, novembre-décembre 1986.

Dauty F. et Morin M.-L., «Entre le travail et l'emploi: la polyvalence des contrats à durée déterminée en 1985», *Travail et Emploi*, nº 52, 1992/2.

Depardieu D. et Laulhé M.-C., «1983-1984; des changements dans la nature des embauches», *Économie et Statistique*, nº 178, juin 1985.

Dumartin S., «Générations et emploi depuis 1970», *Insee-Première*, nº 326, juin 1994.

Dumartin S. et Marchand O., «1988-1990: 700 000 créations d'emplois, 300 000 chômeurs en moins», *Économie et Statistique*, nº 249, décembre 1991.

Elbaum M. , «Petits boulots, stages, emplois précaires: quelle "flexibilité" pour quelle insertion?», *Droit Social*, nº 4, avril 1988.

Fourcade B., «L'évolution des situations d'emploi particulières de 1945 à 1990», *Travail et Emploi*, nº 52, 1992/2.

Heller J.-L., «Emplois précaires, stages, des emplois faute de mieux», *Économie et Statistique*, nº 193-194, novembre-décembre 1986.

Henguelle V., «Les emplois sur contrat à durée déterminée: un mode d'accès à l'emploi stable?», *Travail et Emploi*, nº 58, 1994/1.

Huet M., «La progression de l'activité féminine est-elle irréversible?», *Économie et Statistique*, nº 145, juin 1982.

Jacquier J., «La diversification des formes d'emploi en France», *Données Sociales*, 1990.

Laulhé M.-C. et Le Goff E., «Tassement des recrutements à durée déterminée», *Insee-Première*, nº 165, septembre 1991.

Le Goff E. et Le Pluart A., «Depuis 1985, les mouvements de main-d'œuvre s'accélèrent», *Économie et Statistique*, nº 249, décembre 1991.

Le Minez S. et Maurin E., «Recours aux contrats à durée déterminée: une relation d'emploi plus fragile, mais moins de licenciements économiques», *Premières Synthèses*, nº 45, mars 1994.

Liaisons sociales, numéro spécial «CDD», octobre 1990 et numéro spécial «Travail temporaire, travail intermittent», avril 1991.

Michon F. et Ramaux C., «CDD et intérim, bilan d'une décennie», *Travail et Emploi*, nº 52, 1992/2.

Ministère du Travail, de l'Emploi et de la Formation Professionnelle, «L'évolution des formes d'emploi», Actes du Colloque des 3 et 4 novembre 1988, Document Travail et Emploi, *La Documentation Française*.

Nicole-Drancourt C., «L'idée de précarité revisitée», *Travail et Emploi*, nº 52, 1992/2.

Pruvost L., «Les intérimaires au printemps 1993», *Premières Informations*, nº 414, juin 1994.

Ramandraivonona D., «Les emplois temporaires en 1992», *Premières Synthèses*, nº 53, mai 1994.

Ramaux C., «Comment s'organise le recours aux CDD et à l'intérim?», *Travail et Emploi*, nº 58, 1994/1.

Rapport au Parlement, «Le recours au travail temporaire et à durée déterminée et ses conséquences sur le marché du travail», octobre 1989.

Thélot C., «Les traits majeurs du chômage depuis 20 ans», *Économie et Statistique*, nº 183, décembre 1985.

Villey O., «La diversification des formes d'emploi à l'étranger», *Données Sociales*, 1990.

GROUPE
LIAISONS
ESPACE
LIAISONS

99F grodif 2196

1509

LES DOSSIERS THEMATIQUES

Comment vous les procurer

PAR CORRESPONDANCE :

Groupe Liaisons - Service Vente par Correspondance
BP 78
92503 - Rueil-Malmaison Cedex
Tél. 41 29 96 96

ESPACE LIAISONS :

5, avenue de la République
75011 - Paris - Tél. 41 29 99 13

INSEE INFOS SERVICE :

Tour Gamma A
195, rue de Bercy
75582 - Paris Cedex 12 - Tél. 41 17 50 50

(Pour connaître les adresses dans les autres départements, téléphonez au 41 29 96 04 *ou tapez* 36.15 *ou* 36.16 Code INSEE.*)*

Photocomposition : AZIMUT - LENS - 13113
Imprimé en France - JOUVE, 18, rue Saint-Denis, 75001 Paris
dépôt légal : Mars 1995

ISBN : 2.87880.119.9